잘팔리는
부동산은
따로
있다

지금 집값보다 더 높게 파는 홈스테이징 재테크
잘 팔리는 부동산은 따로 있다(최신 개정판)

초판 1쇄 인쇄 2025년 7월 16일
초판 1쇄 발행 2025년 7월 30일

지은이 장미정

발행인 백유미 조영석

발행처 (주)라온아시아
주소 서울특별시 서초구 방배로 스파크플러스 3F

등록 2016년 7월 5일 제 2016-000141호
전화 070-7600-8230   **팩스** 070-4754-2473

값 21,500원
ISBN 979-11-6958-219-3 (13320)

※ 라온북은 (주)라온아시아의 퍼스널 브랜드입니다.
※ 이 책은 저작권법에 따라 보호받는 저작물이므로 무단전재 및 복제를 금합니다.
※ 잘못된 책은 구입하신 서점에서 바꾸어 드립니다.

라온북은 독자 여러분의 소중한 원고를 기다리고 있습니다. (raonbook@raonasia.co.kr)

잘 팔리는 부동산은 따로 있다

장미정 지음

추천의 글

같은 입지, 같은 면적이라도 왜 어떤 집은 빨리 팔리고 어떤 집은 팔리지 않을까? 이 책은 단순한 홈스타일링을 넘어, 부동산의 가치를 끌어올리는 '전략'으로서의 홈스테이징을 정확히 짚어줍니다. 이제는 보는 사람이 아닌, 사는 사람의 시선으로 집을 꾸미는 시대입니다. 이 책을 읽고 나면, 집이 아니라 '상품'을 팔게 될 것입니다. 홈스테이징은 비용이 아닌, 가장 확실한 수익이라는 것의 표본이 될 것입니다.

고상철 | 미스터홈즈 FC 대표

홈스테이징은 미래를 선도할 새로운 영역으로 정부에서도 신직업으로 선정하여 육성·지원하고 있습니다. 본 책은 홈스테이징을 이해하고 준비하는 국민에게 큰 도움이 될 것으로 확신하며, 저성장 시대에 국민들에게 새로운 일자리를 주고 진로 선택의 폭을 넓히는 데 기여할 것으로 기대됩니다.

김중진 | 한국고용정보원 미래직업연구팀 연구위원

국내 부동산의 주거문화 수준을 한층 높일 수 있을 뿐만 아니라 실감(생활+시각) 디자인을 업그레이드한 내용으로 한국형 하이엔드 홈스테이징으로 선도하리라 굳게 믿어, 향후 귀추가 주목된다.

류경선 | 인디포커스 기자, 前 EBS방송국 단장(센터장)

가장 실용적이고 탁월한 아이디어를 통해 자산의 가치를 극대화해주는 홈스테이징! 성공하기를 원하는 사람에게 등대가 되어주는 책이다.

박봉래 | 유안타증권 이사

저자는 "홈스테이징으로 부동산을 상품으로 만들어라"라고 외친다. 물론 음식의 가격은 그 맛에 의해서 정해진다지만, 매장 위치, 인테리어디자인, 서비스 매너, 주차 조건 등에 의해서도 좌우된다. 또 음식물을 담는 그릇의 품격에 따라 똑같은 음식도 값이 등락하듯이, 부동산도 홈스테이징에 따라 값비싼 요리가 되기도 하고 배만 채우는 한 끼니가 되기도 한다. "홈스테이징으로 부동산을 명품으로 만들자!" 박인학 | 월간 〈인테리어〉 발행인, 한국실내건축가협회 명예회장

대한민국 홈스테이징계의 선구자로 불리는 장미정 교수님의 명저가 출간되었다. 부동산시장이 선진화되는 과정에서는 필수적으로 홈스테이징 분야가 발전할 수밖에 없다. 그러나 우리나라에서는 아직 미개척 분야로서 그 발전 가능성이 무한한 바, 이 책의 출간을 기점으로 좀 더 활발한 연구와 발전이 있기를 바란다. 박종철 | 세종사이버대학교 자산관리건축건설학부 겸임교수

팬데믹과 빅 블러 시대를 맞아 집과 사무실의 경계도 흐릿해지고 있다. 홈스테이징은 집의 경제적 가치는 물론 거주인의 행복도를 높이는 이중 전략임을 알 수 있다. 서용구 | 숙명여자대학교 경영학부 교수, 한국상품학회 회장

부동산 입지분석과 세일즈 팁, 선과 면, 포컬 포인트 개념 설명 등으로 저자의 해박한 지식을 엿볼 수 있다. 부동산 소유자들은 부동산 가치 증대와 향후 예상되는 부동산 버블 붕괴에 대비하여 홈스테이징업을 이해하고, 이를 적극 활용하는 것이 바람직할 것으로 생각한다. 이희락 | 타임부동산 이사, 前 하나은행 지점장

홈스테이징을 홈데커레이션, 또는 하우스 리모델링과 연계하여 생각하는 사람들이 많다. 하지만 홈스테이징의 개념은 부동산의 가치창출이라는 좀 더 가시적인 효과의 극대화에 그 차별점이 있다. 이에 저자는 건축과 인테리어를 복합 전공한 후, 일본으로 건너가 발전된 홈스테이징의 체계를 국내에 들여왔고, 직접 본인이 부동산 공인중개사 자격까지 취득하며 국내 홈스테이징 분야의 방향성 설정과 체계 확립에 이바지한 바 있다. 이에 그간의 과정들은 모두 모아 이 책을 출간함으로써 이 분야의 초석을 성실히 다져나갈 것이라 믿는다.

장순각 | 한양대학교 실내건축디자인학과 교수, 경기도 공공건축가

저자는 국내에 홈스테이징 분야를 소개·개척한 선구자의 길을 걷고 있다. 코로나19로 인해 풀린 전 세계 유동성으로 단기간 급격히 상승한 부동산 자산의 방향성을 판단하는 것이 그 어느 때보다 중요해진 현시점에서 참으로 시의적절한 책이다. 부동산 패러다임의 변화에 대해 알고 싶다면 꼭 일독을 권한다.

장승희 | GW&TRUST 대표이사(사모펀드), 前 LG경제연구원 책임연구원

노후 주택이 증가하고 있는 3만 불 시대에 리모델링과 부동산 업그레이드를 위한 국내 최고의 홈스테이징 책으로 평가된다.

정용식 | 건설기술교육원 교수, 한국리모델링협회 부회장

이 책은 우리나라 제1호 홈스테이저인 저자가 홈스테이징에 대한 다년간의 실무 경험과 연구성과를 독자들이 이해하기 쉽게 풀어 쓴 책이다. 4차 산업혁명

과 포스트 코로나 시대를 능동적으로 대처하면서 성공적인 부동산 매매와 투자를 원하는 개인과 기업이라면 반드시 읽어야 할 필독서임을 믿어 의심치 않는다.

조덕훈 | 세종사이버대학교 자산관리건축건설학부 교수

일본은 1990년대 버블 붕괴 후 저성장시대에 돌입하였고 2007년부터 인구감소가 진행 중이다. 한국도 2028년 전후로 인구감소가 비슷하게 진행할 것이다. 이 책은 부동산을 홈스테이징의 상품화로 다양한 노하우와 사례를 제공하고 있다. 30년 동안 글로벌 비즈니스를 해온 바 앞으로 부동산의 가치를 창출하는 데 커다란 도움이 될 것으로 확신한다.

조철휘 | K&J 글로벌컨설팅 대표, 한국유통포럼 명예회장

부동산과 비주얼 머천다이징을 접목한 홈스테이징이 신선하다. 무엇이든 직접 해봐야 하는 장미정 박사는 한국에 생소한 홈스테이징을 일본으로 가서 직접 배우고 와, 그 이후로 긴 시간 동안 홈스테이징에 대해 열정적으로 연구와 노력을 해왔다. 한국을 대표하는 홈스테이징이 될 것으로 자부한다.

홍동인 | 한국홈스테이징협회 이사

프롤로그

오르는 집보다,
팔리는 집이 중요한 시대

　우리는 이제 '오르는 집을 기다리는 시대'를 지나 '팔리는 집을 고민해야 하는 시대'에 들어섰다. 과거에는 어느 동네든 시간이 지나면 오르는 부동산이 당연했다. 마치 약속이나 한듯 반복되는 사이클이 있었고, 그 사이클에 올라타기만 하면 저절로 자산은 늘어났다.

　그러나 2025년 대한민국 부동산의 공식은 완전히 무너졌다. 저출산·저성장·저소비 이 세 가지 단어는 거스를 수 없는 현실이 되었다. 인구는 줄고, 소비 여력은 감소하고, 경제는 성장이 아니라 생존을 고민해야 할 때가 되었다. 물론 부동산은 여전히 값비싼 자산이지만 그 가치는 가격이 아니라 "누가 살 것인가"를 고민해야 하고, 이제는 '잘 팔릴 수 있는 부동산'을 미래의 전략으로 삼아야 한다. 이러한 한국의 시대적 상황에서 부동산은 더 이상 '기다리는 자산'이 아니다. 오르기만을 바라고 들고 있는 순간, 기회는 지나가고 손실은 커진다. 어떻게 해야 할까? 잘 팔리기 위해서는 '보이게' 해야 하고, '살고 싶게' 만들어야 한다. 그 해답이 바로 홈스테이징(Home Staging) 이다.

많은 사람들이 '홈스테이징'이라고 하면, 단순히 집을 꾸미는 일로 생각한다. 가구를 놓고, 소품을 더하고, 향초를 피우는 일쯤으로 여긴다. 그러나 내가 많은 현장을 경험하고, 많은 거래를 지켜본 결과 내린 결론은 단순하다. 홈스테이징은 '감정을 설계하는 기술'이다.

홈스테이징에서 집은 감정의 장면이다. 누군가는 현관에 들어서자마자 "여기서 살고 싶다"라고 말한다. 어떤 이는 햇살이 비치는 창가에서 차를 마시는 상상을 하고, 어떤 이는 벽에 걸린 작은 그림 한 점에 마음을 빼앗긴다. 그 모든 감정의 출발점은 '분위기'이고, 그 분위기를 연출하는 기술이 바로 홈스테이징이다.

이 책은 단순한 홈스테이징 가이드북이 아니다. 나는 이 책을 통해 "성장이 멈춘 시대, 우리는 어떻게 살아남을 것인가"하는 그

질문에 대한 하나의 전략적 해답을 제시하고자 한다. 2021년 '잘 팔리는 부동산은 따로 있다 : 지금 집값보다 더 높게 파는 홈스테이징 재테크' 출간 이후 4년간 한국의 부동산은 그 변화가 더욱 명확해졌다. 그래서 이 책은 전 세계적인 경기 침체와 AI 패권경쟁, 그리고 저출산이라는 커다란 공통된 배경 속에서 한국 부동산이 어떤 구조적 전환점을 맞고 있는지를 진단한다. 그리고 한국의 부동산은 더 이상 전국이 함께 오르던 시대는 끝났고, 서울과 지방의 초양극화, 전세의 종말과 월세의 일상화, 감정가치 중심의 시장 전환이라는 명확한 변화가 시작되었다는 것을 제시한다.

그리고 이러한 부동산을 어떻게 전략적으로 접근해야 할지 그 방법을 제시한다. 즉, 이제 부동산은 '보이게 하는 법'이 중요하고, 단순한 가격이 아닌 '기억에 남는 인상을 주는 것'이 중요하다. 아울러 단순한 면적이 아니라 '머물고 싶은 장면'과 단순한 입지가 아니라 '이야기를 담은 공간'을 제시해야 한다. 또한, 이제 부동산은 하드웨어가 아닌 '콘텐츠'이고, 수치가 아닌 '서사'이며, 기능이 아닌 '감성'으로 팔아야 한다.

이 책은 그러한 변화 속에서 '팔리는 집'을 만드는 실제 전략과 노하우를 제시한다. 콘텐츠 기획, 입지 분석, 스타일링 전략, 공간 연출 테크닉까지 단계별로 홈스테이징을 어떻게 실전에 적용할 수 있는지 상세히 다루었다.

끝으로 나는 독자들에게 말하고 싶다. 한국의 부동산은 여전히 값비싼 자산이지만, 그 가치는 가격이 아니라 "누가 살 것인가", 더 정확히 말하자면 "왜 사야 할까"에 의해 결정된다. 그리고 오르는 집은 과거의 이야기이고, 같은 평수·같은 입지·같은 가격이라도 "이 집, 느낌이 좋다"는 한마디가 거래를 성사시키는 것과 같이 이제는 '팔릴 수 있는 집이 미래의 전략이 된다'는 것을 명심해야 한다. 그리고 우리는 '오를 집'을 고르는 것이 아니라, '팔릴 집'을 만들어야 한다. 그것이 바로 오늘의 부동산 시장에서 생존하는 유일한 전략이고 그 첫걸음이 이 책 한 권에서 시작되기를 바란다.

한국을 대표하는 홈스테이징 전도사
장미정

차례

추천의 글 · 4
프롤로그 오르는 집보다, 팔리는 집이 중요한 시대 · 8

1장
전 세계 불황 속, 부동산의 미래는 달라졌다

세계는 이미 변화하고 있다	· 19
'낀 세대'가 아닌 '낀 국가'의 생존 전략	· 27
저출산·저성장·저소비시대, 한국 부동산의 현주소	· 40
부동산은 '파는 법'보다 '보이게 하는 법'	· 52

2장
부동산, 전략적으로 접근하라

- 홈이 아닌 하우스로 만들어라 · 63
- 고객에게 구매 이후의 집을 상상하도록 메시지를 전하라 · 70
- 거주자가 있는 집과 거주자가 없는 집은 연출이 다르다 · 76
- 단점을 장점으로, 부정을 긍정으로 끌어올려라 · 80
- 뺄셈의 미학, 부동산 상품으로서 가치를 올려라 · 88
- 최소의 비용으로 최대의 효과를 살려라 · 99
- 좀 더 비싸게 팔고 싶다면 불편을 즐겨라 · 113

3장

6개월 만에 30%업된 부동산으로 만드는 법

- 홈스테이징으로 부동산 상품을 매각하는 법 · 121
- 홈스테이징 콘텐츠 기획 · 126
- 임장활동을 통한 입지분석 · 137
- 부동산 상품의 스타일 메이킹 · 162

4장

홈스테이징할 때 반드시 지켜야 할 기본원칙

홈스테이징의 가이드라인 · 177
연출이 돋보이는 포인트 만들기 · 190
헌 집을 새 상품으로 만드는 킬링 포인트 · 201

5장

공간 플래닝 노하우

홈스테이징의 기초 테크닉 • 215
홈스테이징의 심화 테크닉 • 247
홈스테이징의 공간별 콘셉트 • 263

에필로그 AI 시대, 새로운 패권전쟁과 홈스테이징 공간산업의 진화 • 285
부   록 홈스테이저를 활용할 수 있는 일 • 289

1장

전 세계 불황 속, 부동산의 미래는 달라졌다

세계는 이미
변화하고 있다

　글로벌 정세와 구조적 저성장 속에서 부동산은 '가격이 아닌 가치', '소유가 아닌 체류'의 시대로 전환되고 있다. 2025년 우리는 한 치 앞을 내다보기 어려운 글로벌 경제 격동기 속에 살고 있다. 세계는 이미 지정학적 리스크와 기술 패권 경쟁이라는 충격을 지나 완전히 다른 질서로 진입하고 있다. 2025년 하반기에는 글로벌 경제 성장 둔화, 주요국 금리 인하, AI 기술 발전, 지정학적 리스크 증가, 그리고 통상 갈등 심화 등 다양한 변화가 예상되어 그 어느 때보다 촉각을 세워야 할 때이다. 특히, 우리는 미국의 경제적 예외주의 강화, 부채 증가, AI 기술 경쟁 심화 등을 주목해야 한다.

　그리고 이러한 해외의 다양한 이슈들로 인해 국내의 부동산 역시 더 이상 '지역 내 수요와 공급의 단순한 게임'으로 설명되지 않는다. 금리·무역·기술·정치 등 모든 글로벌 변수들이 이제 한국 부동산의 가치·흐름·전략을 좌우하는 거대한 파도가 되었다.

(1) 트럼프 2기와 신냉전 시대의 귀환

2025년 1월, 세계는 다시 '트럼프의 시대'를 맞이하게 되었다. 4년 만의 복귀는 단순한 정치적 재등장이 아니라, 국제질서 전체에 중대한 균열을 일으키는 사건이 되었다. 트럼프는 이미 1기 때처럼 '미국 우선주의(America First)'를 재가동했고, 무역은 물론 기술, 외교, 군사에 이르기까지 전방위적 보호주의를 선언했다. 그 파급력은 단순한 정치 이슈를 넘어, 경제의 모든 층위에 거센 파도를 일으키고 있다.

아래의 표와 같이 트럼프 2기 정부 출범 이후 '미국 우선주의 정책'은 단기간 내 광범위하고 신속하게 추진되고 있다. 특히, '선관세 후협상' 패턴으로 추진하고 있고, 수시로 변하는 트럼프식 협상방식은 해당국뿐만 아니라 글로벌 경제의 불확실성을 가중시키고 있다.

트럼프 1기와 2기의 비교 (출처: 중소기업이슈포커스 제25호-03호, 중소벤처기업연구원)

구분		트럼프 1기	트럼프 2기
정책	관세·통상	특정국가·품목에 세이프 가드·수입제한 조치	품목관세, 특정국 관세, 상호관세 등을 비경제적 이유와 연계, 부과
	산업·기술	감세·규제완화, AI예산확대	AI·에너지개발 집중 및 회원국 투자 유도
	외교·안보	NATO 국방비 인상 압박, 화웨이 제재	국방비 인상 압박, 러우전쟁 종결 협상, 국경보호
영향		미국 특정산업 발전과 일자리 창출, 기업비용과 소비자 부담, 중국 내 외국기업의 탈중국화, 대미(對美)투자 시도	관세조치 영향에 대한 미국 내 부정적 견해가 다수적, 해외 주요기관 역시 세계경제 전망치 하향 조정

이러한 트럼프 2기와 신냉전시대의 귀환은 아래의 그림에서 보는 바와 같이, 트럼프 1기때보다 불확실성은 더 커졌고, 미국의 무역수지도 한국을 비롯한 여타국과 비교해서 더욱 커질 것으로 예상된다.

미국 무역정책 불확실성 지수(좌)와 미국 무역수지(우)

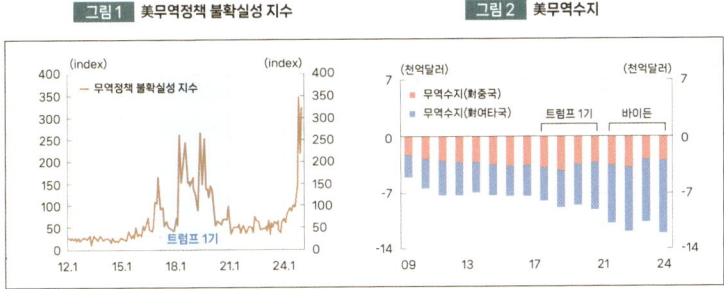

* 자료: 한국은행(2025)이 무역협회 및 Caldara et al.(2020)을 참고해 작성한 자료를 재인용

무엇보다 가장 직접적인 영향은 글로벌 공급망과 통상 질서에서 나타난다. 트럼프 2기는 중국에 대한 고율 관세정책을 다시 강화하고 있으며, '전략적 경쟁국' 리스트를 확대해 동맹국에까지 압박을 가하고 있다. 이에 따라 반도체, 배터리, 전기차 등 주요 산업에서 미국 중심의 공급망 회귀가 가속화되고 있으며, 한국 역시 그 사이에서 '어느 쪽에도 완전히 설 수 없는' 지정학적 딜레마에 빠져 있다. 이른바 '낀 국가'의 생존 전략이 필요해진 것이다.

또한, 트럼프의 귀환은 미·중 갈등을 '경쟁'에서 '충돌'로 격화시키고 있다. 특히 AI, 반도체, 클린 에너지 등 미래 기술 패권을 둘러싼 경쟁은 점점 안보 이슈로 전환되고 있다. 중국과의 거리 조정에 실패한 일본은 미-일 안보 공동선언을 통해 미국과의 기술동맹을 강화하고 있고, 한국 역시 한미일 3국 협력 속에서 기술-경제-안보를 통합적으로 고려해야 하는 새로운 국면에 접어들었다.

이러한 신냉전 구조는 금융시장에도 불확실성을 심화시키고 있다. 미·중 간 갈등이 격화될수록 원달러 환율은 불안정해지고, 외국인 자금은 미국과 유럽으로 이동한다. 이는 국내 금리 인하 여력을 더욱 약화시키고, 실물경제의 회복 속도를 지연시킨다. 특히 2025년 하반기에는 전 세계적으로 금리 인하에 대한 기대가 존재하지만, 트럼프 리스크와 지정학적 리스크로 인해 시장의 반응은 더욱 냉랭할 것으로 예상된다.

한국의 부동산 시장 역시 그 영향권을 벗어날 수 없다. 불확실성이 커질수록 투자자는 현금을 선호하고, 고가 자산은 유보된다. 특히 외국인 투자자의 이탈은 국내 고급 부동산 시장에 직접적인 악영향을 주며, 반대로 공공주택 공급 확대나 정책적 개입 가능성은 더욱 커질 것이다. 요컨대, 부동산은 더 이상 로컬 경제의 산물이 아니다. '외교와 안보', '기술과 통상'이라는 복합적 레이어 위에서 그 가치와 흐름이 결정되는 고차방정식이 되었다.

우리가 여기서 주목해야 할 것은 이 변화의 속도가 '느리지 않다'는 점이다. 2025년 6월, 불과 몇 달 전과는 전혀 다른 조건에서 전략을 다시 짜야 하는 시점이 왔다. 트럼프 2기의 귀환은 단순한 과거의 반복이 아니라, '불확실성과 긴장의 시대'를 공식적으로 알리는 신호탄이다. 이제는 더 이상 기존의 성공 방정식에 의존할 수 없다. 생존을 위한 부동산 전략 역시, 글로벌 질서의 틀 속에서 다시 쓰여야 한다.

(2) 관세전쟁과 스태그플레이션, 그리고 AI 패권 경쟁

2025년 중반을 달리는 시점, 세계 경제를 위협하는 세 가지 키워드가 부상하고 있다. 첫째는 트럼프 2기 행정부의 '관세 전쟁', 둘째는 경기 침체와 물가 상승이 동시에 발생하는 글로벌 '스태그플레이션(Stagflation) 우려', 셋째는 각국이 사활을 거는 'AI 패권 경쟁'이다. 이 세 요소는 각각 별개의 이슈처럼 보이지만, 실제로는 복합적으로 얽혀 부동산을 포함한 자산 시장 전체에 전방위적 영향을 주고 있다.

먼저, 미국의 관세정책 변화는 단순한 무역 장벽의 복원이 아니다. 트럼프는 2025년 들어 중국뿐만 아니라 멕시코, 유럽, 심지어 일부 아시아 동맹국에까지 보복 관세 조치를 확대하고 있다. 이는 미국 국내 제조업 보호를 명분으로 내세우지만, 실질적으로는 글로벌 교역량을 줄이고, 세계 공급망의 불안정을 초래하는 조치다. 특히 한국과 같이 수출 의존도가 높은 국가는 관세 리스크에 따라 수출기업 매출 감소, 생산 축소, 일자리 위축으로 이어지며, 그 여파는 부동산 수요 감소와 경기 하강으로 직결된다.

두 번째 위험 신호는 글로벌 차원의 '스태그플레이션'이다. 다음의 그림을 살펴보면, 세계 경제는 러·우 전쟁과 공급망 교란 속에서 수년간 저성장과 고물가가 지속되었던 글로벌 인플레이션에 있었고, 2023년부터 진정되기 시작하였으나 2024년에 이어 2025년에도 여전히 높은 수준에 머물러 있다.

주요 선진국 경제성장률(좌), 세계 소비자물가지수 상승률(우) (출처: 2025년 수정경제전망, 한국금융연구원)

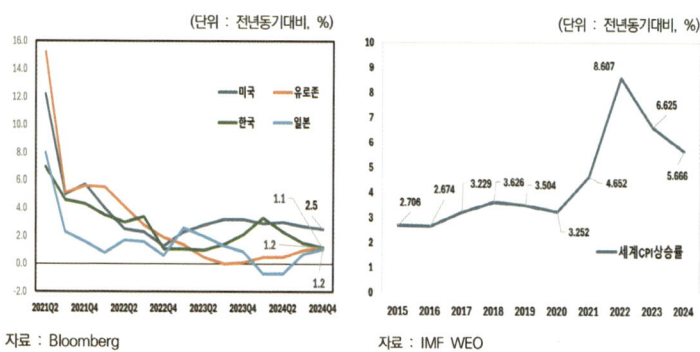

또한 아래의 그림과 같이 2025년 세계경제는 인플레이션이 진

주요국 인플레이션율(좌), 주요국 기준금리(우) (출처: 2025년 수정경제전망, 한국금융연구원)

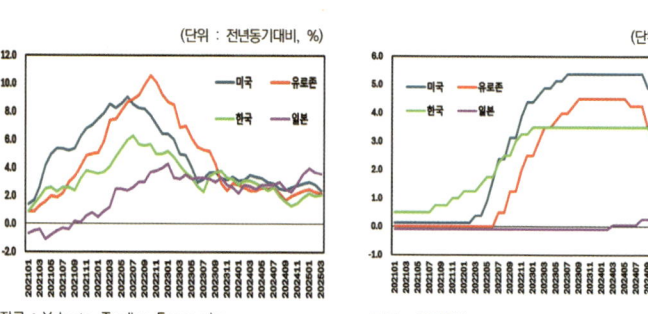

정되고 주요국 기준금리가 인하되는 가운데에서도 미국발 관세전쟁에 따른 '경제의 불확실성'이 고조되며 성장세가 위축되어 여전히 저성장이 예상된다. 앞으로 닥칠 위기의 신호일지도 모른다.

그렇다면, 왜 2025년에도 여전히 스태그플레이션의 우려가 지속될까? 의문을 갖게 된다. 그 주요 원인을 살펴보면, 바로 미국과 중국 때문이다. 미중 무역 갈등 심화, 중국의 경제 성장 둔화, 그리고 미국의 경기 과열로 인한 인플레이션 압력 등이 글로벌 차원의 스태그플레이션 위험을 더욱 높이고 있다. 어쩌면 저성장과 고물가가 동시에 진행되는 스태그플레이션은 미국 중앙은행의 정책 여지를 거의 없애 버릴지도 모른다. 물가를 잡기 위해 금리를 올리면 경기는 더 나빠지고, 경기를 살리기 위해 금리를 낮추면 물가는 더 오르는 진퇴양난에 있는 것이다. 이러한 딜레마 속에서 한국의 상황은 어떤가? 한국은행은 얼마 전 기준금리를 낮췄다. 그러나 이렇게 낮추면서도 물가 상승 압력을 경계해야 하는 복잡한 환경에 처해 있다. 이런 구조에서 한국의 부동산 시장이 회복되기 어렵다. 거래는 정체되고, 투자 심리는 얼어붙으며, 소비자는 '지금은 움직일 때가 아니다'라는 신호만을 받게 된다. 2025년의 한국도 스태그플레이션의 직접적 위협은 완화되고 있으나, 성장 정체 속에 물가 불안이 동시 진행되는 이중 구조를 여전히 남기고 있어 불안하고 초조하다.

마지막으로, 세계는 지금 AI 패권전쟁의 한복판에 있다. 미국은 자국 내 AI 반도체 생산과 빅테크 기업 중심의 데이터 독점 강화를 통해 AI 주도권을 강화하고 있으며, 중국은 자체 AI 모델 개발과 응용 분야 확산에 총력을 기울이고 있다. 유럽은 'AI 규제'를 통해 자체 시장 보호를 시도하고 있고, 일본은 AI와 로봇기술을 융합한 제조혁신 전략을 추진하고 있다. 이 와중에 한국은 어디에 서 있는가? 현실은 아슬아슬하다. 반도체 수출 제한, 클라우드 인프라 의존, 인공지능 생태계 부족 등으로 인해 주요 플레이어와의 기술 격차는 점점 벌어지고 있다.

이 AI 경쟁은 부동산 산업에도 직접적인 영향을 준다. 건설 자동화, 스마트홈 기술, 디지털 트윈 부동산, AI 기반의 가격 예측과 맞춤형 마케팅까지 부동산의 전 영역이 AI와 연결되고 있다. 하지만 기술 주도권이 없는 한국은 이러한 변화에 수동적으로 반응할 수밖에 없으며, 이는 부동산의 경쟁력을 약화시키는 요인으로 작용한다.

지금의 대외적인 상황을 요약하자면, 미국의 관세전쟁은 수출을 막고, 미국과 중국을 중심으로 한 글로벌 스태그플레이션은 정책 여지를 봉쇄하며, 전 세계 AI 1위 미국과 2위 중국, 그 외 3위 이하의 한국을 비롯하여 나머지 국가들이 속하는 경쟁 속에서 그 기술 격차는 점점 커져가고 있다. 이 세 가지 외부 파고 속에서 우리는 한국의 부동산을 대하는 관점 자체를 바꾸도록 요구받고 있다. 한국의 부동산은 단순한 '부동 자산 시장'이 아니라, 글로벌 변화에 휘둘리는 '노출된 자산'이 된 것이다. 더 이상 과거처럼 '사두면 오른다'는 공식은 통하지 않는다. 가격이 아니라 가치, 소유가 아니라 연출, 전략이 아닌 감각으로 살아남아야 하는 시대가 도래한 것이다.

'낀 세대'가 아닌 '낀 국가'의 생존 전략

한국은 지금 '낀 세대'가 겪는 이중 고통처럼, 글로벌 경제의 흐름 속에서도 '낀 국가'로서 복합적인 도전에 직면해 있다. 미·중 패권 경쟁과 보호무역, 기술 전쟁 속에서 한국은 어느 한편에도 완전히 기댈 수 없는 전략적 경계선에 놓여 있다. 한쪽으로 기울면 다른 쪽의 압력을 받고, 중립을 유지하자니 글로벌 공급망에서 소외될 위험이 상존한다. 이처럼 정치·경제·기술·금융의 모든 측면에서 압박이 중첩되는 상황 속에서, 우리는 '자립'이 아닌 '적응'을 통해 살아남아야 하는 국가가 되었다. 이러한 외부 변수는 곧 한국의 부동산 시장에도 복합적 충격을 안기고 있으며, 이제는 단순한 회복이 아니라 '다르게 살아남는 법'이 필요해진 것이다.

(1) 미국경제의 예외주의와 한국의 리스크

IMF 이후 한국은 세계 경제 흐름에 '따라가는 나라'였다. 그러나 이제는 따라가기조차 버겁다. 미국은 고금리 속에서도 소비와 고용을 유지하며 예외적 회복세를 보이고 있지만, 한국은 수출 부진과 내수 위축 속에 빠르게 침체에 빠지고 있다. 이러한 환경은 부동산 시장의 회복도 가로막는다. 거래량은 줄고, 매수자는 실종되며, 전월세 시장의 불균형은 구조화되고 있다.

2025년 현재 미국은 고금리 기조 속에서도 강한 소비와 고용 회복을 바탕으로 예상보다 빠른 경기 회복세를 보이고 있다. 글로벌 인플레이션은 완화되고 있지만, 연준은 고금리 정책을 서두르지 않고 '예외적 성장'을 기반으로 미국 중심의 경제 질서 재편을 추진하고 있다. IRA(인플레이션 감축법), 반도체 지원법, 첨단기술 수출 제한 등 자국 중심의 공급망 강화 조치는 동맹국에게도 미국 편입을 강제하고 있다. 이 같은 조치는 단순한 보호무역을 넘어서 기술 블록화, 외교 연계형 경제 구조, 지정학적 리스크와 맞물린 '경제 안보 전략'으로 작동하고 있다.

한국은 이 가운데 '편입도, 독립도 어려운' 구조적 회색지대인 '낀 국가'에 놓였다. 미국과의 전략적 협력은 강화되고 있지만, 동시에 중국과의 경제 의존도는 쉽게 끊을 수 없다. 반도체, 배터리, 자동차 등 한국 주력 산업은 미·중 패권 갈등 속에서 핵심 압박을 받고 있으며, 특정 시장에 과도하게 의존한 구조가 오히려 취약점이 되고 있다. 미국의 금리 정책과 기술 기준이 글로벌 표준이 되는 가운데, 한국은 그에 따라가면서도 자국 산업을 지켜야 하는 이중 과제를 안고 있다. 그 예로 아래의 그림과 같이 한국은 대미(對美), 대중(對中) 무역수지에서 동반 하락하는 현상이 나타났다. 한국은 수출의 중요도가 크다. 30여 년간 지속된 한국의 대중 무역 흑자가 2023년 적자로 전환했지만, 늘어난 대미 무역흑자가 충격을 상쇄했는데 대미·대중교역 양쪽에서 압박을 받는 처지에 놓였다.

2025년 4월 한국의 대미·대중 무역수지추이 (출처: 머니투데이) https://m.mt.co.kr/renew/view_amp.html?no=2025052914424831765

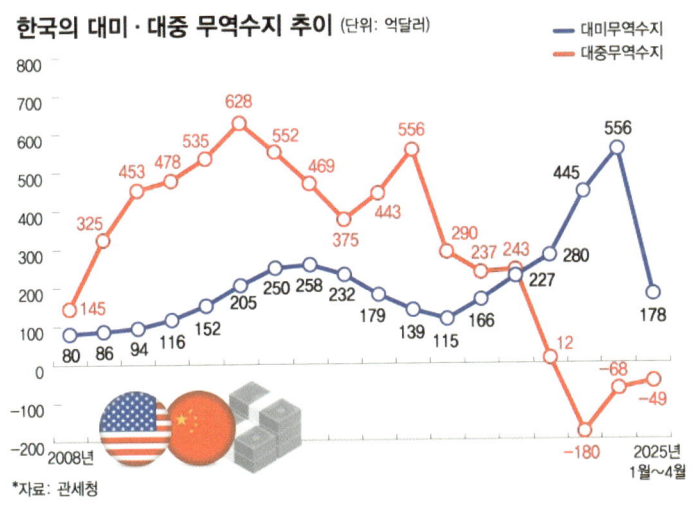

이러한 외부 요인은 국내 금융 및 부동산 시장에도 깊숙이 영향을 미친다. 2025년 상반기 기준 한국의 정책금리는 2.5%로 인하

되었지만, 미국과의 금리 차는 여전히 2%p 가까이 벌어져 있다. 이는 원화 약세, 자본 유출, 외국인 투자자금 회수 가능성 등 외환 시장 리스크를 증폭시키고 있으며, 금리 정책의 자율성을 제한하고 있다. 한국은행은 기준금리 인하를 통해 내수 회복을 꾀하고 있지만, 글로벌 금융 변수 앞에서 마땅한 대응 여지가 좁아진 상황이다.

부동산 시장은 이러한 구조적 취약성의 직격탄을 맞고 있다. 고금리 속에서도 주택담보대출 금리는 내려가지 않고 있으며, 서울의 일부 지역을 제외하고 지방은 매수세가 거의 실종된 상태다. 시중은행들은 예금금리를 내리면서 동시에 변동금리형 주담대 금리를 같은 기간 연 4.0%대에서 연 5.0%대로 올리고 있다.

앞으로가 더 걱정이다. 수도권 외곽과 지방 중소도시에서는 거래량 감소와 미분양 증가가 점점 심화되고 있다. 게다가 전세 시장의 급격한 월세화는 주거 불안정성을 더욱 키우고 있다. 이것은 단순한 시장 흐름이 아니라, 복합적 대외 변수와 연결된 한국 부동산의 구조적 재편이 이뤄지고 있는 것이다.

결국, 한국은 더 이상 미국 경제 회복을 '따라가는 전략'만으로는 생존할 수 없다. 어떻게 해야 할까? 글로벌 예외주의 속에서 새로운 규칙이 만들어지는 지금, 한국은 기술 자립, 통상 다변화 등 다층적 국가 전략을 통해 위기를 기회로 전환해야 할 때이다. 그리고 부동산 역시 이러한 경제 체질 전환 속에서 전략적 자산으로 새롭게 정의되어야 한다.

(2) 성장이 멈춘 시대, 생존전략

KDI와 한국은행 모두 올해 성장률을 0.8%로 낮춰 잡았다. 게다가 2025년 5월 프랑스의 투자은행인 소시에테제네랄(SG)은 이마저도 한국의 성장률을 0.3%로 더 하향 조정했다. 지난달 한국은행이 내수 부진과 수출 둔화 등을 반영해 올해 성장률 예상치를 1.5%에서 0.8%로 낮췄는데 이 전망조차 더 비관적이다.

우리 경제가 역성장의 늪에 빠질 수 있다는 우려까지 나오고 있다. 저성장 터널에서 벗어나려면 어떻게 해야 할까? 두렵다. 한국경제는 이제 0%대 성장률 전망이 현실이 되고 있다. 1%는 숨만 쉬면 되는 수준이지만, 0%대 성장은 숨조차 쉬기 어렵다는 의미다. 지금은 일시적인 경기침체가 아니라 완벽히 경기침체가 장기간 지속되는 '저성장시대'다. 돈을 빌리면 벌어서 갚기 어렵다는 의미다. 버텨야 한다. 더 암담한 것은 앞으로다. 골드만삭스의 장기 전망에 따르면, 한국도 마이너스 성장 국가에 접어든 것이다. 이대로라면 한국은 이제 '잃어버린 30년'이 시작된 것이다.

이러한 비관적인 수치는 글로벌 금융위기나 코로나 팬데믹 시기를 제외하면 최저 수준이다. 가장 큰 원인은 무엇일까? 그것은 '민간소비'와 '건설경기'의 급격한 위축이다. 아래의 그래프는 2025년 상반기 KDI 경제전망 보고서에 제시된 국내의 경제활동별 상황이다. 눈에 띄는 것은 코로나 이후 2022년부터 건설업이 지속적으로 감소해 2024년, 2025년은 대폭 감소한 것을 알 수 있다.

경제활동별 생산 증가율

(출처, KDI경제전망보고서 Vol.42 No.2)

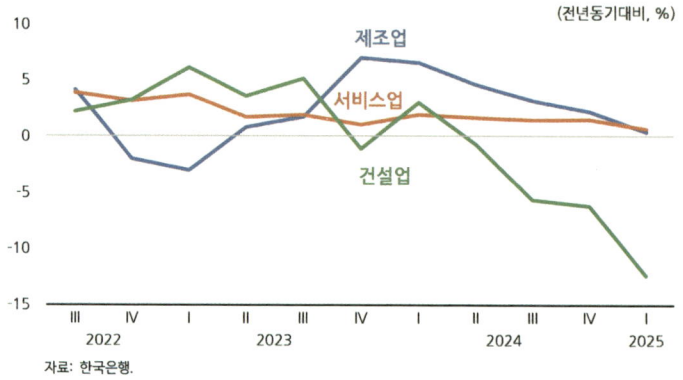

자료: 한국은행.

고금리에 따른 원자잿값 인상, 소비심리위축, 부동산 거래절벽, 미분양 증가, 기업의 설비투자 위축이 동시에 나타나며 내수 기반이 무너지고 있다. 성장이 멈춘 시대, 우리는 어떻게 해야 살아남을 수 있을까?

한국은 또 한 가지 중요한 문제를 지니고 있다. 그것은 바로 고령화와 저출산이다. 한국은 고령화 속도 세계 1위, 출산율 세계 최저라는 인구 구조의 압박까지 받고 있다. 소비 인구는 줄고, 부양 부담은 커지고 있으며, 이는 생산성 저하와 구조적 침체로 이어진다. 한마디로 한국은 경제 전반에서 '디플레이션에 가까운 저성장 상태'에 빠져 있는 것이다. 여기에 미국의 금리 동결, 유럽의 경기 둔화, 중국의 회복 지연 등이 겹겹이 겹쳐 수출마저 성장 견인을 하지 못하고 있다.

이러한 상황에서 부동산 시장도 더 이상 '기다리면 오른다'는 공식이 통하지 않는다. 과거에는 물가 상승과 소득 증가, 저금리가 부동산 가격 상승을 견인했지만, 지금은 소득이 정체되고 물가가 높으며, 자금조달 환경이 악화되는 시기에 있다.

아래의 그림은 2024년 4분기 기준, 한국의 주택구입부담지수에 대한 그래프이다. 주택구입부담지수는 중위소득 가구가 중간 가격의 주택을 표준 대출 조건으로 구입할 때의 상환 부담 정도를 나타내는 지표이다. 이 지수는 주택 가격, 대출 금리, 가계 소득 세 가지 요소를 반영하여 산출되며, 지수가 높을수록 주택 구입 부담이 크다는 것을 의미한다. 실제로 주택구입부담지수는 2022년 3분기 최고점을 찍고 우하향하다가 2024년 4분기에 다시 우상향하고 있다.

주택구입부담지수(전체평균) (자료:주택금융연구원, 2024년 4분기 기준)

주택구입지수를 지역별로 비교해보면, 한국 인구의 50% 이상이 수도권에 살고 있으며, 그중 서울은 주택구입부담지수가 제일 높아 실수요자에게는 여전히 높은 문턱이다.

너도나도 서울로 인구가 몰려들고 있는 상황에서 서울의 집값은 더욱 고공행진하고 있고, 주택구입부담지수는 더 커지고 있다.

세계에서 인구 감소 속도가 가장 빠른 한국에서 부동산은 주요 자산 중 하나이지만, 인구 감소와 고령화가 부동산 시장에 미치는 영향은 심각한 수준이다. 부동산 자산 비중이 높은 한국 가계들은 미래 자산 가치 하락에 노출될 위험이 있으며, 이는 은퇴 후 경제적 어려움을 야기할 수 있다. 따라서, 부동산 시장의 위험을 인지하고 다양한 자산 투자 전략을 고려하는 것이 중요하다. 아울러 인구 감소로 지방소멸이 이루어지고 있는 한국의 부동산은 '위험자산'으로 분류되고 있고, 다주택자는 처분을 고민하고, 실수요자는 관망 중이다. 이처럼 전통적인 자산 축적 수단으로서의 부동산은 이제 수명을 다하고 있으며, 새로운 전략이 필요하다.

이러한 변화 속에서 떠오르는 것이 바로 '차별화된 가치 제안'이다. 과거에는 입지와 평수가 전부였다면, 지금은 공간의 의미, 감정의 연결, 삶의 질이 부동산의 핵심 요소로 부상하고 있다. 홈스테이징, 공간 브랜딩, 감성 마케팅 등은 단지 인테리어 기법이 아니라, 침체된 부동산 시장에서 매수자의 감각과 신뢰를 회복시키는 생존 전략이 될 수 있다.

2025년, 우리는 '성장'이 아닌 '생존'을 목표로 삼아야 한다. 무턱대고 기다리는 것이 아니라, 새로운 방식으로 보이게 하고, 설득하고, 공감받아야 하는 시대다. 그 변화의 시작점이 바로 부동산 전략의 재정의가 될 것이다.

(3) 부동산, 더 이상 '전국으로 오르는 자산'은 끝났다

과거에는 '전국 어디든 시간이 지나면 오른다'는 믿음이 통했다. 그러나 지금은 다르다. 서울 일부 지역과 수도권 주요지 외에는 미분양이 속출하고, 지방은 회복 불능의 침체기에 돌입하고 있다. 한국의 부동산 양극화는 시간이 갈수록 점점 더 뚜렷해지고 있다. 심지어 지역 간, 유형 간, 연식 간, 입지 간의 양극화가 고착화되면서 부동산은 '오를 집'과 '팔리지 않을 집'으로 완전히 나뉘는 구조다.

아래의 그림을 살펴보면, 수도권의 아파트부터 지방의 비아파트(연립, 다세대)까지 주택매매가격지수는 시간이 갈수록 수도권 아파트만 우상향하고 나머지 지방의 아파트와 비아파트, 수도권의 비아파트는 2021년 6월 100기준[1]으로 주택매매가격지수가 수렴

---

1) Y축의 주택 매매 가격 지수에서 숫자 100은 기준 시점의 주택 가격을 나타내는 지

해간다. 지방 비아파트는 주택매매가격지수가 2022년 12월 이후 100에서 내려와 주택 가격이 떨어지고 있는 것을 알 수 있고, 지방의 아파트는 90에서 증감변동을 보이다가 2024년 8월 이후 2015년 1월의 가격과 거의 비슷한 가격을 보이고 있다. 그나마 수도권의 비아파트는 지수90에서 약간 상승하여 2021년 6월의 지수100에 근접하였으나 2021년 6월의 매매가격보다 못 미치는 수준에 있다.

또한, 전고점 대비 아파트 가격수준을 살펴보면, 서울의 아파트 가격은 전국 대비 가장 높게 나타나고 있다. 서울과 기타 등등이라는 말이 무색할 정도 수도권 아파트 중 서울의 아파트 매매가격만 하늘 높은 줄 모르고 치솟고 있다.

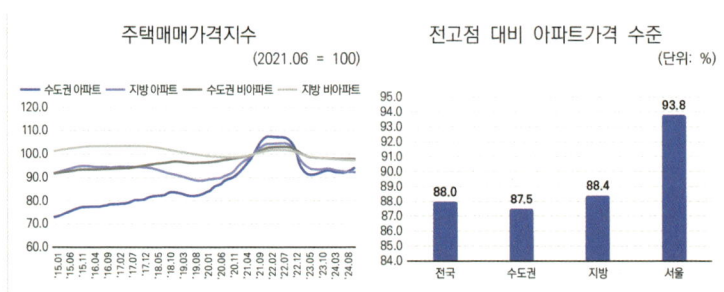

주택매매가격지수(좌, 2021.06=100기준)와 전고점 대비 아파트가격 수준(우, 단위 : %) (자료, 건설정책저널, 2025년 건설부동산 경기전망 및 건설업 정책이슈)

자료: 한국부동산원, 「전국주택가격동향조사」
주 1: 주택매매가격지수 비아파트의 경우, '연립다세대' 지수 활용
  2: 전고점 대비 아파트가격 수준은 2024.9월 아파트 매매가격지수를 기준으로 분석

표이다. 즉, 해당 지수가 100일 때 기준 시점의 주택 가격을 그대로 유지하고 있다는 의미이며, 100을 기준으로 가격의 변화를 비교할 때 사용된다.

이러한 현상은 왜 일어날까? 2024년 고금리와 토지거래허가제, 고환율 등으로 서울의 강남권과 일부 수도권 신축 아파트는 매매가 주춤하였으나 2025년 들어 일시적인 토지거래허가제 해제와 대출 규제 완화, 금리 인하 등으로 일부 회복세를 보였으나 전국적으로는 가격이 오르지 않았다. 지방은 미분양이 일상이 되었고, 거래는 멈췄다. '전국이 다 오른다'는 시대는 끝난 것이다.

특히, 2025년 들어 부동산 시장은 전국적으로 일괄 상승하던 시대에서 벗어나, 지역과 유형에 따라 명확한 '선택과 집중'의 양상을 보이고 있다. 위의 그래프에서 보여주는 바와 같이, 서울의 아파트 가격은 꾸준히 증가를 보이고 있다. 그러나 아래의 그래프를 보면, 그 외 대부분의 지역—특히 준공 후 미분양 증가와 전국 대비 수도권과 지방 미분양을 비교하면 수도권은 미분양이 해소가 되고 있는 반면, 지방은 계속 늘어나고 있어 침체의 늪에 빠져들고 있다.

전국 미분양주택 현황 (자료, 건설정책저널, 2025년 건설부동산 경기전망 및 건설업 정책이슈)

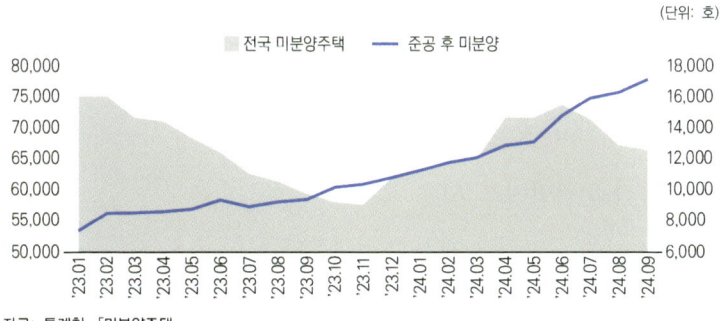

자료: 통계청, 「미분양주택」

과거 '전국 어디든 시간이 지나면 오른다'는 믿음은 더 이상 유효하지 않는다는 것을 보여준다.

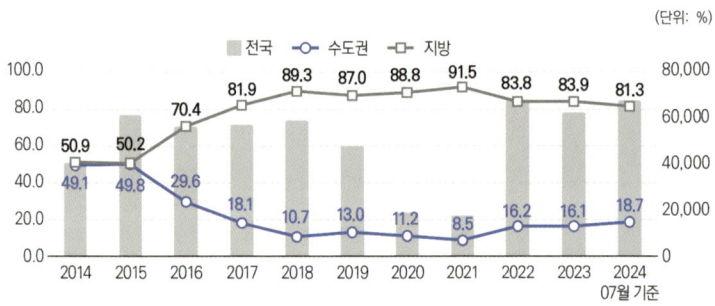

이러한 지방의 경우, 인구 감소와 고령화, 산업 쇠퇴 등이 복합적으로 작용하면서 주택 수요 자체가 사라지고 있다. 특히 청년층의 수도권 집중 현상은 지방 주택 수요를 더욱 위축시키고 있으며, 이는 신규 분양은 물론 기존 주택 거래마저도 급감하게 만들고 있다. 최근 발표된 국토교통부 자료에 따르면, 지방 미분양 물량은 2024년 말 대비 30% 이상 증가하였고, 이는 가격 하락과 금융 리스크 증가로 이어지고 있다.

반면 서울 강남권과 재건축 기대감이 있는 주요 지역은 고금리 환경 속에서도 여전히 '살 사람은 산다'는 인식이 강하게 작용하고 있다. 이는 부동산 시장의 '이중화' 현상을 더욱 고착화시키는 결과를 낳고 있으며, 단순한 지역 간 격차를 넘어 '계층'과 '라이프 스타일'에 따른 분화로 확장되고 있다. 이제는 단순한 입지보다, '누가 어떤 목적을 갖고 사느냐'에 따라 부동산의 가치가 달라지는 시대가 되었다.

저출산 · 저성장 · 저소비시대, 한국 부동산의 현주소

한국 사회는 전례 없는 속도로 인구가 줄고 늙어가고 있다. 출산율은 OECD 최저 수준이며, 고령 인구 비중은 빠르게 증가 중이다. 여기에 더해 소비 위축과 자산 정체, 경기 둔화가 겹치며 한국 경제는 장기 저성장의 터널 속으로 진입하고 있다. 이러한 변화는 곧 부동산 시장의 본질적 구조를 뒤흔든다. 부동산은 더 이상 오르기만 하는 자산이 아니라, '누가 어떻게 살 것인가'에 따라 가치가 달라지는 복합 상품으로 재정의되고 있다. 이 장에서는 무너진 전세시장, 서울과 지방의 양극화, 그리고 '체류 가치'라는 새로운 평가 기준을 중심으로 한국 부동산이 어떻게 변화하고 있는지를 살펴본다.

(1) 전세 시장의 몰락과 월세 시장의 추월

한때 한국 부동산의 핵심 시스템이었던 전세는 이제 소멸 단계에 접어들고 있다. 고금리 구조 속에서 전세자금 대출은 부담이 커졌고, 임대인들도 월세로 수익을 전환하고 있다. 월세 비중이 전세를 추월한 지금, '사는 집'이 아닌 '빌리는 집'에 대한 인식 전환이 부동산 전략을 새롭게 만들고 있다.

전세는 한국 부동산 시장만의 독특한 제도였다. 나 역시 일본에서 홈스테이징을 공부할 때 일본사람들에게 한국의 독특한 전세제도에 대해 자랑을 하곤 했다. 그러나 지금은 전세 사기에 대한 불안과 지방의 주택가격하락에 대한 공포, 전세자금대출이율의 상승 등 다양한 이유로 세입자 스스로 전세를 월세로 전환하는 것을 더 선호하여 한국의 부동산 시장은 점점 독특한 주거 사다리 역할을 하던 전세제도가 사라지고 있다.

국토부가 발표한 전·월세 거래량 통계를 보면, 2025년 2월 누계(1~2월) 월세 거래량 비중(보증부월세·반전세 등 포함)은 61.4%로 전년 동기 대비 3.9%p 증가하였다. 다음의 그림과 같이 5년간 연도별 2월 누계(%)를 살펴보면 ('21) 41.7 → ('22) 47.1 → ('23) 55.2 → ('24) 57.5 → ('25) 61.4%로 매년 증가하고 있다.

전국 월세거래량 비중추이
(출처: 국토부 자료, 연합뉴스)

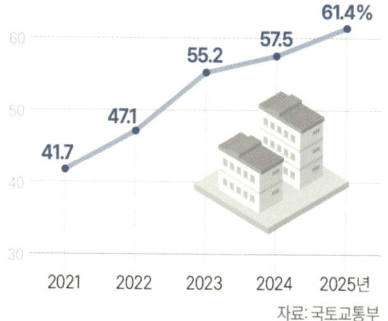

자료: 국토교통부

아래의 그림을 보면, 수도권과 비수도권의 전·월세 비중은 점점 더 커져 가고 있고, 월세와 전세의 비교에서 월세 거래량은 전세거래량을 추월하여 점점 증가하고 있다.

지역별 주택 전월세 거래량 추이(좌), 임차유형별 전월세 거래량 추이(우)
(제공: KB주택시장 리뷰 2025년 5월-전월세거래)

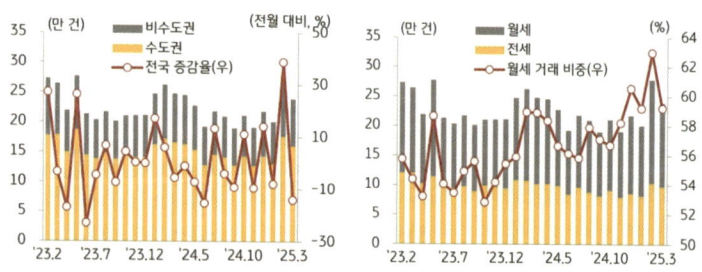

이러한 월세 거래량의 증가는 다시 세입자의 거주 부담을 키우고, 임대인의 수익 구조도 바뀌게 한다. 전세 시장의 몰락은 단순한 제도 변화가 아니라, 한국 부동산의 자산을 바라보는 패러다임의 붕괴를

뜻한다. 수요 대비 공급물량 부족, 계약갱신청구권 사용증가, 전세대출 규제 강화 등의 이유로 수도권 전세 매물 품귀현상은 더욱 증가하고 있다. 그리고 수도권 신축아파트는 원자잿값 상승, 인건비 증가, 금리상승 등의 이류로 착공물량도 없어 점점 품귀현상이 지속되고 있어, 2026년과 2027년까지 지속될 것으로 전망된다.

또한, 아래 그림은 전세 보증금을 월세로 환산할 때 적용되는 각 지역별 전월세전환율 그래프다. 이는 전세 보증금을 월세로 전환할 때 얼마만큼의 월세가 발생하게 되는지를 나타내는 지표이다. 전세전환율이 높을수록 월세 부담이 커지고, 낮을수록 월세 부담이 줄어든다. 한국부동산원에서 집계를 시작한 2011년 1월부터 2025년 2월까지 전월세전환율은 2018년까지 지속적으로 감소하다가 금리가 낮은 2022년까지 지속되었고, 이후 다시 상승하고 있다.

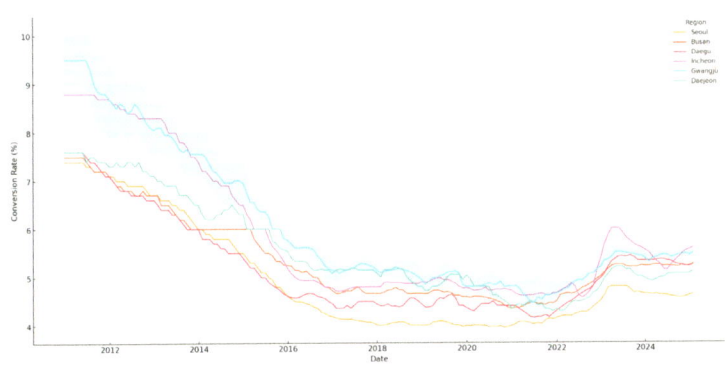

전월세전환율은 주택 임대차 시장에서 전세와 월세 중 어떤 방식이 더 경제적인지 판단하는 중요한 지표가 된다. 임차인은 전월세전환율을 이용하여 전세와 월세 중 어떤 방식이 더 저렴한지 계산할 수 있고, 임대인은 전월세전환율을 이용하여 전세를 월세로 전환했을 때 월세가 얼마나 수익이 될지 예측할 수 있다.

아래 그림은 최근 1년간 주택유형별 전월세전환율과 지역별 전월세전환율 그래프이다. 주택유형별 전월세전환율을 보면, 서울의 아파트가 전환율이 가장 적으며, 인천은 단독주택의 전환율이 가장 높고, 부산은 아파트, 단독주택, 다세대·연립주택이 모두 전환율이 높다. 또한, 최근 1년간 서울과 전국, 수도권, 5대 광역시 전월세전환율을 비교했을 때, 서울이 가장 낮고 5대 광역시에서 전월세전환율이 높게 나타났다.

최근 1년간 주택유형별 전월세전환율(상)과 지역별 전월세전환율(하)
(「전국주택가격동향조사」, 한국부동산원 자료 참조(기준: 2025년 2월))

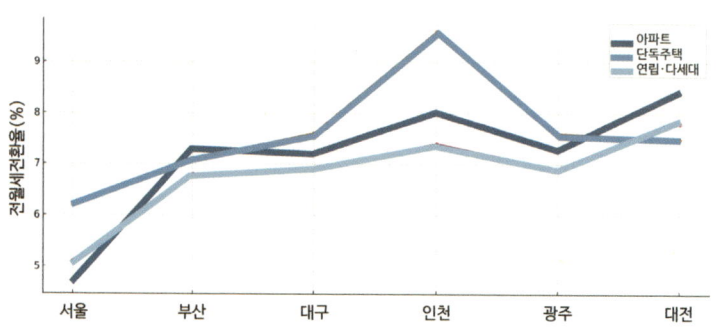

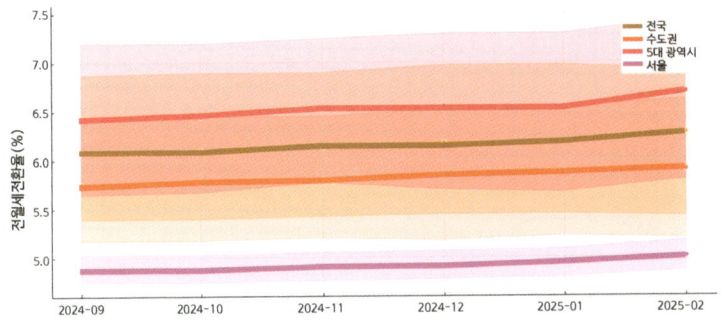

이는 서울의 아파트가 비교적 낮은 전환율로 여전히 전세 중심으로 구조를 형성하고 있지만, 타 도시역의 경우, 단독주택이나 다

각 지역별 전월세전환율 그래프
(기준: 2024년 9월~2025년 2월) 「전국주택가격동향조사」, (한국부동산원 자료 참조)

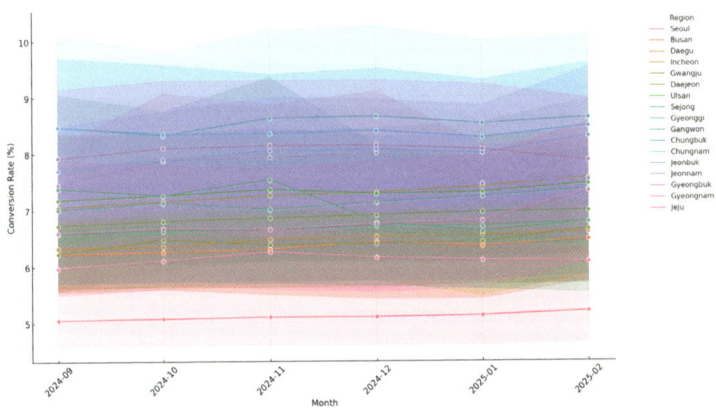

세대·연립주택의 경우 높은 전환율을 보이고 있고 월세 선호 경향이 높은 것을 알 수 있다. 이는 전세자들이 월세로 옮겨가는 경향

으로 나타내며, 월세 시장이 우세해지는 결과를 가져온다. 특히, 부동산 가격 상승과 전세 물량 감소가 악순환을 일으키면서 더 많은 사람들이 월세로 이동하고 있는 상황이 발생할 것이다.

(2) 지방침체와 서울의 회복, 초양극화의 끝

한국 부동산 시장의 양극화는 이제 단순한 일시적 격차가 아닌, 구조적 단절로 자리 잡고 있다. 서울과 수도권 일부 지역은 회복세를 보이거나 가격 방어가 이루어지고 있는 반면, 지방 중소도시는 회복의 기미조차 보이지 않고 있다. 이 격차는 단지 가격 차이에서 끝나지 않는다. 미분양 증가, 거래 실종, 지역 기반 산업의 쇠퇴, 고령화, 인구 유출, 청년층의 수도권 집중—이 모든 것이 맞물리면서 지방 부동산은 '거래 없는 존재'로 전락하고 있다.

강남·서초·송파, 이른바 '강남 3구'는 여전히 고가에 거래되고 있으며, 재건축 기대감과 학군, 브랜드 아파트, 새로운 커뮤니티시설 등의 희소성이 복합 작용하여 매수 수요를 유지하고 있다. 여기에 더해 자산가들의 심리적 기대감이 집중되면서, 서울 내에서도 특정 지역은 오히려 상승 압력을 받고 있다. 반면 강원, 충청, 경북, 전남 등 다수의 지방 광역시와 중소도시는 이미 시장에서 외면당한 상태다. 분양가보다 낮은 실거래가, 공급 후 미입주, 역전세난, 깡통전세 등 복합적 리스크가 쌓여가고 있다.

국토부 통계에 따르면, 2025년 4월 말 기준 미분양 주택은 67,793호로 전월 대비 1.6% 감소하였고, 그중 준공 후 미분양은

26,422호로 전월 대비 5.2% 증가하였다. 수도권 15,905호와 지방 51,888호로 상당수가 지방 비수도권에 몰려 있다. 공급이 과잉된 것이 아니라, 수요가 실종된 것이다. 특히 지방소멸위험지수 상위권 지역일수록 주택 수요는 사실상 '제로'에 수렴한다. 지방에서는 부동산이 더 이상 '자산'이 아닌 '부담'으로 바뀌고 있다.

전국 미분양 주택현황

(기준: 2025년 4월) 「'25. 4월 주택통계」(국토교통부 보도자료 참조)

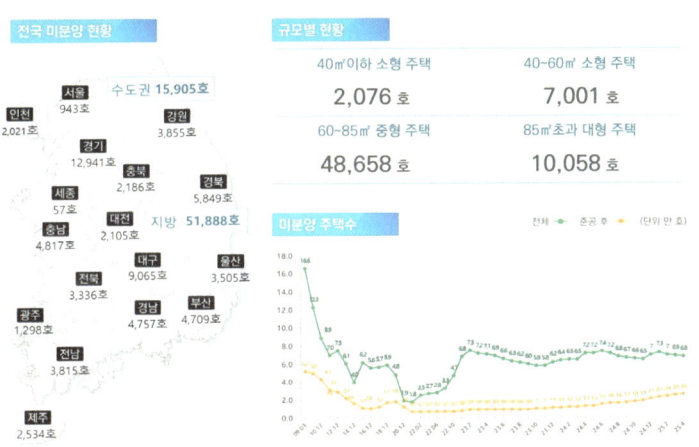

이러한 극단적 격차는 '서울-지방'의 구도를 넘어, '신축-구축', '도심-외곽', '고소득-저소득', '1인-다인가구' 간의 다층적 양극화로 확산되고 있다. 똑같이 서울 안에서도 구축 소형 아파트는 거래가 끊기고 있으며, 수도권 외곽의 준공 20년 이상 단지는 매도 호가조차 사라지고 있다. 이 같은 다층적 초양극화는 한국 부동산 시장이 더 이상 '전국 평균'이라는 개념으로 설명되지 않는 시대에 진입했

음을 보여준다.

정책적 관점에서도 이 현상은 심각한 시사점을 던진다. 과거에는 부동산 부양책이나 규제 완화가 전국적으로 유효했다면, 이제는 지역 맞춤형 대응, 수요 기반 회복 전략, 주거환경 재구성 등 '정책의 세분화'가 절실하다. 특히 지방소멸 위기에 대응하기 위해 주거는 물론 의료, 교육, 교통, 일자리까지 통합적으로 설계된 정주 여건 개선이 병행되어야 한다.

궁극적으로 초양극화의 본질은 '인간이 어디에 살고 싶은가'에 대한 집단적 의사결정의 결과다. 시장은 이를 여실히 반영하고 있고, 이제는 '감성적 가치'를 중심으로 주거 선택이 이루어지는 시대다. 부동산은 더 이상 평당 가격과 면적의 게임이 아니다. '살아보고 싶은 공간', '머물고 싶은 분위기', '감정이 반응하는 연출'—이 모든 요소가 새로운 가치 척도가 된다. 그리고 그것이 곧 지방과 서울의 격차를 설명하는 새로운 언어가 되고 있다.

(3) '체류 가치'가 기준이 되는 새로운 시장

부동산을 평가하는 기준이 달라지고 있다. 과거에는 입지, 면적, 학군, 가격이라는 명확하고 수치화된 요소들이 부동산 가치를 설명했다면, 이제는 "얼마나 머물고 싶은가?", 즉 공간이 사용자에게 주는 정서적 경험과 만족이 부동산의 핵심 가치로 부상하고 있다. 다시 말해, '사는 집'이 아니라 '머무는 집', '거쳐 가는 공간'이 아니라 '머물며 삶을 누리는 공간'이 시장의 새로운 기준이 되고 있다.

 2025년 현재 한국 사회는 급격한 고령화, 1인 가구 증가, 반퇴 세대의 확산이라는 흐름 속에 있다. 특히, 반퇴 세대는 은퇴 이후에도 일과 삶의 균형을 모색하며, 단순한 소유보다 삶의 질을 우선시한다. 이들은 부동산을 더 이상 자산 증식의 수단이 아니라 '삶의 기반', 즉 감정적 안정과 회복을 위한 거주의 터전으로 인식하고 있다.

 이러한 변화는 글로벌하게도 동시다발적으로 일어나고 있다. 특히 경제적 양극화와 고령화가 맞물리며, 부동산의 가치 기준이 단순한 위치나 평면을 넘어, 삶의 경험과 감정의 깊이로 이동하고 있는 것이다.

 공간의 새로운 기준이 되는 '체류 가치'는 무엇일까? 체류 가치는 단순히 공간에 머무는 시간의 양을 의미하지 않는다. 오히려 그 공간에 머무는 동안 느끼는 감정적 안정감, 심리적 만족, 감각적 경험의 질을 말한다. 조명 하나, 공기 중에 퍼지는 향기, 거실의 동선, 자연을 담은 창밖의 풍경—이 모든 것이 그 공간의 '머물고 싶음'을 좌우한다.

 이제 사람들은 공간을 '써야 할 공간'이 아니라, '머물고 싶은 공간'으로 평가한다. 고급 자재나 브랜드 아파트보다, 감성적으로 조율된 소형 주거, 탁월한 조명 설계, 나만의 리듬을 유지할 수 있는 구조에 더 많은 가치를 둔다.

 이러한 흐름은 실증적 연구와도 맞닿아 있다. 예를 들어, 거주

만족도가 높은 입주자는 임대 계약을 지속하며, 이는 공실률 감소와 투자 안정성으로 이어진다. 더 나아가, 삶의 질이 높다고 인식되는 지역일수록 주택 가격 또한 높게 형성된다. 이는 곧 '체류 가치'가 부동산의 경제적 가치에 실질적 영향을 준다는 것을 시사한다.

이제는 부동산도 '브랜디드 콘텐츠(branded contents)'다. 다시 말해서, 이제 부동산은 하드웨어가 아니다. 조명, 향기, 소리, 가구 배치, 컬러―이 모든 요소가 유기적으로 설계되어야 하는 '브랜디드 콘텐츠'다. 30~50대 실수요자들은 이제 "이 공간에서 나는 어떤 경험을 할 수 있는가?"를 중심에 두고 판단한다. 주방은 단지 요리 공간이 아니라 소셜 커뮤니티 공간이 되고, 욕실은 위생을 넘어 감각적 힐링 공간으로 확장된다. 홈오피스는 더 이상 옵션이 아니라 필수 조건이 되며, 작은 발코니도 내면의 회복을 위한 치유 공간이 될 수 있다.

체류 가치는 기능과 감정이 융합된 생활 콘텐츠로서의 공간의 경험을 요구하고 있고, 이는 공간 마케팅의 전략 축으로도 작동하고 있다. 이러한 공간 마케팅의 전략 축으로 활용되는 것이 홈스테이징(home staging)이다. 홈스테이징은 한마디로 체류 가치를 설계하는 기술이다. 홈스테이징은 단순히 집을 꾸미는 기술이 아니다. 그것은 거주자의 감정을 디자인하고, 체류 가치를 증폭시키는 연출의 언어다. 따뜻한 조명의 각도, 휴식을 유도하는 식물 배치, 아로마 향이 풍기는 침실의 분위기―이 모든 것들이 감정을 홈스테이징으로 표현하는 기법들이다.

특히 최근에는 AI 기술을 통해 사용자의 감정 반응을 분석하고, 체류 동선을 최적화하는 시스템이 등장하고 있다. 이는 공간이 단지 '보여지는 것'에서 '경험되는 것'으로 진화하고 있음을 보여주는 징후다. 결국, 체류 가치는 시간에 대한 질문이다. 얼마나 오래, 얼마나 편안하게, 얼마나 깊이 그 공간에 머무를 수 있는가. 이 질문에 긍정적인 대답을 할 수 있는 공간이야말로, 오늘날 부동산 시장에서 가장 높은 평가를 받는다.

결론적으로 말하자면, '체류가치'가 기준이 되는 새로운 부동산 시장에서 부동산은 '경험의 플랫폼'이 되어야 한다. 더 이상 가격만으로는 부동산 가치를 설명할 수 없다. 사람들이 오래 머물고 싶어하는가, 이 공간이 삶을 담을 수 있는가—이 질문이 곧 자산 가치의 평가 기준이 되고 있다. 일시적 소유가 아닌 장기 체류를 원하는 소비자에게, 감정적 만족은 필수 요소이며, 이는 공간의 콘셉트, 연출, 브랜드 가치와 직결된다.

부동산은 이제 정서적 경험을 담아야 하고, 홈스테이징은 그 경험을 설계하는 대표적 수단이다. 우리는 지금, 부동산을 단순한 공간이 아닌 '시간이 머무는 콘텐츠'로 재정의하는 시대에 살고 있다. 그리고 이 변화의 중심에는 '체류 가치'라는 키워드가 있는 것이다.

부동산은 '파는 법'보다 '보이게 하는 법'

그동안 부동산을 바라보는 시선은 '얼마에 사서, 얼마에 팔 것인가'에 집중되어 있었다. 하지만 수요자의 구매 결정은 이제 가격보다는 '느낌'과 '연결'에서 출발한다. 소비자는 단순히 공간을 매입하는 것이 아니라, 그 공간에서의 삶을 상상하고, 감정적으로 연결되는 지점을 찾는다. 이처럼 부동산 시장은 '기능 중심'에서 '감정 중심'으로, '하드웨어 중심'에서 '콘텐츠 중심'으로 빠르게 전환되고 있다. 이제는 '얼마에 파느냐'보다 '어떻게 보이게 할 것인가'가 더욱 중요한 전략이 되었다. 이 전환점에서 홈스테이징은 부동산 시장의 '보여주는 기술'을 대표하는 해법으로 부상하고 있다.

(1) '사는 집'에서 '머무는 집'으로, 시장의 본질이 변하고 있다

과거에는 '좋은 입지'와 '넓은 평수'가 집을 선택하는 가장 중요한 기준이었다. 하지만 이제 사람들은 물리적 조건보다 감정적으로 연결되는 집, 나답게 머물 수 있는 공간을 찾는다. 단순히 '사는 집'이 아니라 '살고 싶은 집', 더 나아가 '머무르고 싶은 집'을 선택하는 시대가 된 것이다.

이러한 변화는 특히 3040대 실수요자층에서 뚜렷하게 나타난다. 과거처럼 자산 축적이나 부동산 상승 기대만을 목적으로 집을 선택하지 않는다. 오히려 "나는 이 집에서 어떻게 하루를 시작하고, 어떤 공간에서 마음의 안정을 찾는가"를 중요하게 여긴다. 다시 말해, 거주의 질, 개인의 감정 경험, 주거 공간이 주는 메시지가 부동산 선택의 핵심 요소로 부상하고 있다.

이처럼 소비자들은 주택을 더 이상 단순한 기능적 자산으로 보지 않는다. 집은 하나의 '라이프 스타일 플랫폼'이자 '감성의 무대'가 되었다. 조명이 어떻게 사람을 감싸는지, 창으로 들어오는 빛이 어떻게 하루의 감정을 바꾸는지, 가구의 배치가 나의 동선에 얼마나 자연스럽게 스며드는지—이러한 섬세한 감각들이 구매 결정을 좌우한다.

그리고 이 변화의 중심에는 '홈스테이징'이 있다. 홈스테이징은 단순히 예쁜 집을 연출하는 것을 넘어서, 사람이 머물고 싶은 감정을 자극하는 장치다. 현관을 들어서며 느껴지는 첫인상, 따뜻한 향기, 부드러운 촉감의 패브릭, 자연광을 유도하는 커튼—이 모든 것이 '이 집에서 살아보고 싶다'는 생각을 유도한다. 이는 감정적 몰입과 기억을 통해 소비자의 판단을 결정짓는 강력한 마케팅 전략이 된다.

특히 코로나19 이후, 사람들은 집 안에서 보내는 시간이 급격히 늘어났고, '살 집'이 아닌 '사는 삶'을 중심으로 집의 가치를 다시 보기 시작했다. 이는 곧 '머무는 경험'을 중심으로 부동산이 재정의되고 있다는 뜻이다. 부동산 시장이 이제는 단순한 거래의 대상이 아니라, 정서적 소비의 대상으로 바뀌고 있다는 신호이기도 하다.

또한, 1~2인 가구의 증가와 반퇴세대의 확산도 이 흐름을 강화시키고 있다. 이들은 더 이상 자녀를 위한 공간, 자산 증식용 부동산을 찾지 않는다. '나를 위한 공간', '쉼의 장소', '내가 좋아하는 분위기'가 공간의 핵심 키워드가 된다. 삶의 단계와 취향에 따라 거주 공간이나 업무공간 등을 유연하게 구성하고, 내 감정과 맞닿은 공간에서 오래 머무르고 싶어 하는 심리가 부동산의 본질을 바꾸고 있다.

이러한 흐름은 부동산 마케팅의 전술도 근본적으로 바꾸고 있다. 예전처럼 '몇 평이고, 몇 층이고, 학군이 좋다'는 정보 중심의 설명으로는 더 이상 고객을 설득할 수 없다. 감정 중심의 언어, 스토리텔링 기반의 콘텐츠, 라이프 스타일을 제안하는 연출이 핵심 전략이 되고 있다. 즉, 이제는 '어떤 집을 사세요'가 아니라, '어떤 삶을 살고 싶으신가요?'라는 질문으로 고객에게 다가가야 한다.

올해 초 발표된 「2025년 부동산 트렌드(희림·알투코리아·한국갤럽)」에서는 한국 부동산에 유행할 3대 키워드와 7대 트렌드를 제시하였다. 먼저, 3대 키워드는 마이크로 양극화, 커스터마이징 홈, 비상(非常) 또는 비상(飛上)이 있다. 그리고 7대 트렌드로는 마이크로 양극화의 '중간소멸, 고도를 기다리며', 커스터마이징 홈의 '커스터 맛[집], 지금 잘 살 것, 아파트 스펙시대', 비상(非常) 또는 비상(飛上)의 '천만 시니어, 리모델링 비상을 꿈꾸다'가 있다.

구체적으로 살펴보면, 첫 번째로 '커스터마이징 홈'은 탈세대(post-generation) 인구 증가에 따라 유연한 아파트 평면 등 주거 상품이 다양한 라이프 스타일을 수용할 수 있도록 커스터마이징되는 트렌드와 공간 소비에 대한 개성 추구 소비 성향을 반영한다.

두 번째로 '커스텀 맛[집]'은 나이와 세대 구분이 없는 포스트 제너레이션(post-generation) 소비자가 증가하면서 주택 상품도 가변형 인테리어 등 다양한 라이프 스타일을 포용할 수 있는 방향으로 진화하는 것이다. 모듈러 주택 시장에서도 모듈 조합에 따른 다양한 공간 구성이 가능해지면서 인테리어뿐만 아니라 익스테리어(exterior)의 커스터마이징도 확대될 것이다. 세 번째로 '지금, 잘 살 것'은 초긍정 마인드('원영적 사고')가 유행하며 신체적-정신적 행복을 우선시하고 가치 소비를 추구하는 성향이 강해졌다. 주택 가격이 빠르게 상승하면서 원하는 집을 구매하기 어려워졌지만, 현재의 주거환경에서 집이 나에게 주는 가치와 공간 편의성에 의미를 두는 경향이 확대되고 있다.

이번 트렌드에서 나타난 바와 같이 결국, 부동산은 '보여주는 상품(showing)'에서 '느끼게 하는 콘텐츠(feeling)'로 진화하고 있다. 이 변화의 핵심은 집을 어떻게 보이게 할 것인가가 아니라, 어떻게 느끼게 할 것인가에 있다. 그리고 그 중심에 있는 것이 바로 '홈스테이징'이라는 감정 연출 전략이다. 지금의 부동산 시장은 더 이상 숫자가 아닌 정서의 싸움이며, 정보가 아닌 공감의 기술을 요구하고 있다. 부동산을 파는 시대는 지나고, 이제는 '사고 싶은 감정'을 설계하는 시대가 왔다.

(2) '가격'이 아니라 '가치'를 연출해야 하는 이유

홈스테이징은 단순한 인테리어 장치가 아니다. 공간이 누군가에게 말을 걸 수 있게 만드는, 감정적 설계의 기술이다. 많은 사람들이 "집이 안 팔린다"고 말하지만, 정작 그 집이 무엇을 보여주고 있는지 묻는 경우는 드물다. 집은 가격이 아니라, 분위기로 팔린다. 냉정한 데이터보다 따뜻한 장면이, 면적보다 향기와 조명이, 입지보다 이야기가 마음을 움직인다.

아래의 그림은 2025년『부동산 트렌드』에 제시된 연령별 주택 선택 시 상품고려요인에 대한 그래프이다. 특징적인 것은 향·조망·전망이 주택 선택의 2순위로 올라왔다는 사실이다. 이것은 주택 구매자들이 이제 주택 가격 만큼 전 연령대에서 '나에게 어울리는 삶의 방식'을 우선시한다는 것을 알 수 있다. '빛이 들어오는 방향', '창밖으로 멀리 보이는 아름다운 풍경', '하루를 마무리하는 시간대의 한강의 석양 노을'이 결국 "이 집, 마음에 든다"라는 결정적 한마디를 이끌어낸다는 것이다.

연령별 향후 주택선택시 상품고려 요인
(자료. 2025 부동산 트렌드, 히림·알투코리아·한국갤럽조사연구소, 단위: %)

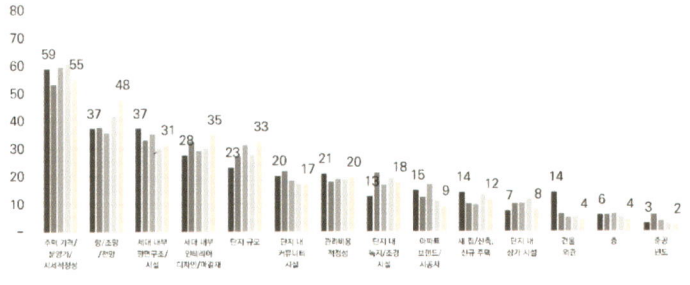

또한 커뮤니티 특화 주택이 2025년 가장 선호되는 주택 유형으

연도별 선호주택 특화컨셉
(자료. 2025 부동산 트렌드, 히림·알투코리아·한국갤럽조사연구소, 단위: %)

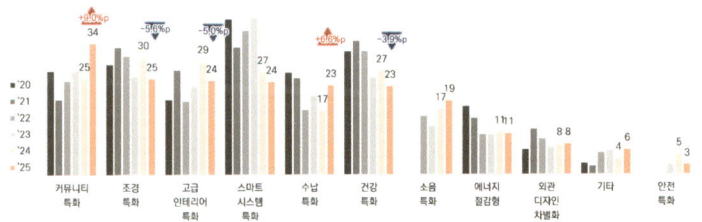

로 급부상했다. 이는 집이 단지 사는 공간이 아니라, 관계를 맺고 감정을 나누는 '경험의 장'으로 여겨지고 있다는 뜻이다. 반면 스마트 시스템, 고급 인테리어, 건강 특화와 같은 전통적 기능 중심 요

소는 하락세를 보였다. 이제 소비자는 첨단 기능이 아닌, 감정적 울림을 통해 주택을 평가한다는 것이다. '사는 기술'보다 '사는 느낌'이 중요한 것이다.

홈스테이징은 바로 이 '느낌'을 설계하는 작업이다. 향기 나는 현관, 햇살이 비추는 창가, 부드러운 촉감의 패브릭, 적절한 조명, 세심한 동선—이 모든 것이 연출이고, 이 모든 것이 감정이다. 소비자는 집을 사는 것이 아니라, 그 집에서 살게 될 '자기 모습'을 구매하는 것이다. 그리고 그 모습은 홈스테이징이 연출한 장면 속에서 구체화된다.

또한, 아래의 그래프를 살펴보면, 최근 소비자들의 선호가 '수납 특화', '소음 차단' 같은 감각 중심 요소로 이동하고 있는 것도 흥미롭다. 이는 시각적 스트레스의 최소화, 정서적 회복, 몰입 가능한 개인 공간에 대한 갈망이 커지고 있음을 반영한다. '정돈된 공간이 마음을 안정시킨다'는 아주 직관적인 감정이 시장을 움직이고 있는 것이다.

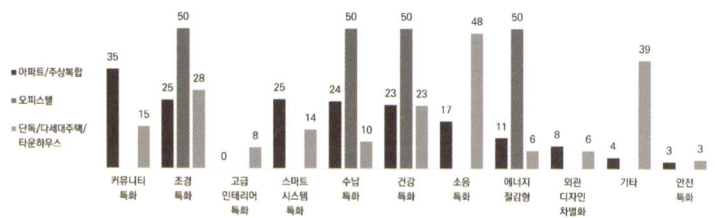

주택유형별 선호주택 특화컨셉 (자료. 2025 부동산 트렌드, 히림 · 알투코리아 · 한국갤럽조사연구소, 단위: %)

나는 실제 현장에서 이런 경험을 자주 한다. 구조는 동일하지만, 향기와 조명, 식탁 위 책 한 권이 바꾼 장면 하나가 고객의 마음을 흔든다. "여기서 살고 싶다." 그 한마디는 가격 협상의 모든 조건을 무의미하게 만든다. 홈스테이징은 감정을 유도하고, 감정은 거래를 만든다.

결국, 홈스테이징은 '감정 가치'를 연출하는 전략이다. 그것은 공감의 디자인이며, 설득의 기술이다. 특히 지금처럼 모든 부동산이 비슷해 보이는 시대에, 감정적으로 차별화된 연출은 곧 경쟁력이다. 우리는 이제 '팔리는 집'을 만드는 것이 아니라, '머물고 싶은 집'을 제안해야 한다. 숫자 중심의 시대는 지나갔다. 사람의 마음을 이해하고, 기억을 설계하는 감정 중심의 부동산 시장이 이미 시작되었다.

홈스테이징은 단순한 공간 정리가 아니다. 그것은 감정을 설계하는 일이다. 누군가는 "이 집이 왜 안 팔릴까?"라고 묻지만, 정답은 의외로 간단할 수 있다. 그 공간이 말이 없기 때문이다. 냉장고는 전원이 꺼져 있고, 조명은 생기를 잃었으며, 거실은 비어 있다. 그 안에서 사람은 아무런 상상도, 기억도 만들 수 없다. 반대로 말하자면, 감정을 자극하는 장면을 연출할 수 있다면, 그 집은 다시 '살고 싶은 공간'으로 탈바꿈할 수 있다.

'감정 가치'란 말 그대로, 공간이 주는 느낌과 인상, 그리고 그것이 사람의 기억에 남는 방식에 관한 이야기다. 그리고 오늘날 부동산은 이 감정 가치를 얼마나 효과적으로 보여주는가에 따라 성패가 갈린다.

부동산, 전략적으로 접근하라

홈이 아닌
하우스로 만들어라

일본에서 홈스테이징에 대해 공부할 때, 홈스테이징이 가장 매력적으로 와 닿은 부분은 '홈을 하우스로 만드는 것'이었다. 나는 일상적으로 생활하고 있는 홈과 하우스를 같은 개념으로 여겨왔다.

그러나 여기서 홈은 나의 손때 묻은 인테리어 소품, 추억의 사진들, 오랜 시간 나와 함께한 가구 등 개인의 에피소드와 라이프 스타일이 묻어난 것들이다. 그리고 하우스는 개인의 에피소드와 생활이 묻어난 것을 모두 제거하고 주택에 상품으로서의 가치를 만든 것이다. 그래서 홈스테이징에는 홈의 개념이 전혀 필요가 없다. 상품으로서 팔기 위해 매물을 보러 올 손님 중심의 사고가 필요하다. 다시 말해서, 홈스테이징은 상품으로서의 집에 대한 접근이 필요하다.

홈을 하우스로 만드는 것

내 가족의 집 　 상품으로서의 집

　홈을 좀 더 값을 올려서 팔기 위한 상품으로서의 하우스는 어떻게 만들까? 그것은 3가지 방법이 있다. 첫 번째는 판매가가 거주하고 있는 경우로서 집을 팔아야 하는 상품으로 생각하는 것이다. 즉 판매자가 이 집을 보러 왔을 때 사고 싶게 만드는 것이다. 두 번째는 가족의 추억을 버려야 한다. 이는 구입을 희망하는 손님의 입장에서 보면 전혀 상상이 가지 않게 만든다. 세 번째는 상품으로서 최소한의 수리만 한다. 이것은 구입을 희망하는 손님의 심리를 파악한 것으로 집을 둘러 보러왔을 때 깨지거나 무너지거나 하는 것이 보인다면 사고 싶은 마음이 사라질 것이다. 이러한 3가지 방법을 통해 판매자는 고객이 사고 싶게, 살고 싶게 만들어야 한다.

(1) 홈, 팔아야 하는 상품이다.

　홈스테이징은 판매자(매도인, house seller)가 지금까지 생활해 왔던 집을 팔아야 하는 상품으로 바꾸는 것이다. 많은 판매자들은 매물을 내놓을 때 자신의 집이 상품이 된다는 의식이 없이 현재 생활하고 있는 상태 그대로의 모습으로 내놓는다. 아래의 그림처럼 아직까지 대부분 집들은 부동산에 매물을 내놓을 때 저 모습으로 그대로 내놓는다.

내가 집을 구하기 위해 여기저기 부동산 중개소를 통해 방문한 매물들은 대부분 집의 상태 그대로 보여주었다. 마치 집을 알몸 그대로 보여주는 것처럼 널브러진 옷과 짐들, 지저분하고 산만한 상태 그 자체로 현재 집주인의 생활 상태를 보여주었다. 심지어 공실은 청소도 전혀 되어 있지 않은 먼지와 쓰레기가 여기저기 있는 매물을 보여 준 경우도 있다. 이 글을 읽고 있는 당신도 나처럼 이러한 일을 경험한 적이 있지 않은가?

산만하고 너저분한 상태의 매물

일본의 경우, 매물로 내놓는 집이 지저분하면 부동산 중개소에

서 고객을 모시고 그 집을 방문하려 할 때 판매자는 아직 집이 정리가 되지 않아 다음에 오라고 한다. 내놓는 집이 정리가 안 되어 산만한 상태인 경우, 판매자는 이렇게 몇 번 방문을 거절하고, 부동산 중개소는 한두 달 정도 방문 실패를 하는 경우가 많다. 일본 사람들은 어렸을 때부터 자기 주변의 집을 정리하거나 청소하는 것에 대해 자신의 기본 마음가짐과 정신수양으로 여겨 청소와 정리가 생활 속에 묻어있다. 그래서 매물로 내놓은 집도 방문 고객에게 산만하거나 청소가 안 된 상태 그대로 보여주지 않는다.

홈스테이징은 부동산을 상품으로서 매각하기 위한 첫 번째 방법으로서 정리정돈과 청소를 한다. 왜냐하면, 집을 내놓기 전에 아무것도 정리가 되지 않은 채 내놓은 경우, 그것은 구입을 예정하고 있는 손님이 구입하고 싶지 않다고 생각하는 집 즉, 상품이 되어 있지 않다는 것을 의미한다.

(2) 홈, 가족의 추억을 버려라

홈스테이징의 중심은 생각에서 시작한다. 이 집을 정말 팔고 싶은지, 언제까지 팔고 싶은지, 얼마 정도에 팔고 싶은지 구체적으로 계획을 짜고 생각을 해야 한다. 이유는 현재 거주 공간이지만, 앞으로 불특정 다수의 구매 예정자인 손님들이 집을 구경하러 오기 때문이다.

그러나 내가 부동산 경매 등으로 매물을 보러 임장 활동을 가면, 불특정 다수의 고객이 이 집을 방문할 것이라고 전혀 느껴지지 않는 경우가 많았다. 특히, 여전히 현재 살고 있는 판매자의 가족에 대한 애틋한 사랑과 추억이 담긴 물건들로 즐비한 경우가 많았다. 예를 들어, 아래의 사진처럼 분재나 식물을 좋아하는 판매자의 집을 가보면, 현관부터 거실, 베란다, 부엌 곳곳에 식물들이 있다. 그리고 신혼 때 찍은 웨딩 사진이나 아이들이 성장하면서 하나씩 찍어둔 사진들은 침실과 거실에 빼곡히 진열되어 있는 경우를 보게 된다. 이것은 그 가족들의 추억과 사랑이 묻어날지 모르지만, 구매 예정자들에게는 오히려 그 집의 장점을 보지 못하게 한다. 어느 집이나 대부분 저 상태로 매물을 부동산 시장에 내놓는 경우가 많다. 한국도, 영국도, 미국도 여전히 저런 상태로 내놓는 물건이 많다.

왜 그럴까? 이것은 그 물건에 대한 애착이 강하기 때문이다. 즉, 추억에 대한 애착이 너무 커서 이를 버리지 못하는 것이다. 그래서 홈스테이징을 하기로 마음먹은 판매자는 제일 먼저 가족의 추억을 버려야 한다. 이제부터 집은 좀 더 값을 올려 팔기 위해 상품으로서 팔 물건으로 생각해야 한다. 경우에 따라 팔릴 때까지 생활의 불편도 감수해야 한다. 가족이 편안하게 누워서 생활하던 소파도 거실에 나와 있던 잡다한 책장들도 모두 매물로서 잘 팔리기 위해 치워야 한다.

가족들의 추억이 담긴 물건들

　거주 공간에 가득한 판매자의 추억은 다음으로 이사할 그곳으로 함께 가져가는 것이다. 될 수 있는 한 높은 가격과 희망하는 시기에 집을 팔고 싶다면 집을 매력적인 상품으로 만들어야 한다.

(3) 홈, 상품으로서 최소한의 수리만 하라.

　중고차를 팔 때 판매자는 세차를 하고 왁스를 칠하며, 깨끗하게 청소하고 고장 난 부분은 수리를 한다. 마찬가지로 집을 최대한 비싸게 또는 빠르게 원하는 시기에 팔고 싶다면, 내놓기 전에 집을 고쳐서 상품화를 할 필요가 있다.

　그렇다고 가끔 "홈스테이징과 인테리어는 뭐가 다른가?"라고 나에게 물어오는 사람이 있다. 홈스테이징도 수리해야 할 부분이 있으면 고치는 경우도 있다. 판매할 물건에 시간을 얼마나 투자할지, 얼마 정도의 높은 가격으로 팔지 구체적인 세부계획에 따라 바닥이나 욕실 등 부분 리모델링이 들어가기도 한다.

　판매자가 오랫동안 한 곳에서 거주한 경우, 매물의 상태가 많이 낡거나 시대 흐름에 맞지 않는 너무 오래된 스타일의 벽지나 장판 등의 마감재가 있는 경우 일부 제거를 한다. 아래의 사진처럼 패브릭으로 된 아트월은 먼지나 청소 때 불편함도 있지만, 이 물건을 구매하러 온 손님 입장에서는 오히려 저 패브릭 아트월로 물건의 가치를 제대로 평가하지 않고 아주 싼 가격을 부르거나 오랫동안 나가지 않을 가능성이 크다. 저런 경우, 과감하게 아트월을 철거하도록 한다. 홈스테이징은 최소한의 수리할 곳은 하는 것이지 전체를 다 하지 않는다. 그리고 전혀 안 하는 것도 아니다. 딱 물건으로 팔릴 수 있게끔 최소한의 수리만 한다는 것이다.

화려한 꽃무늬의 패브릭 아트월로 장식된 거실

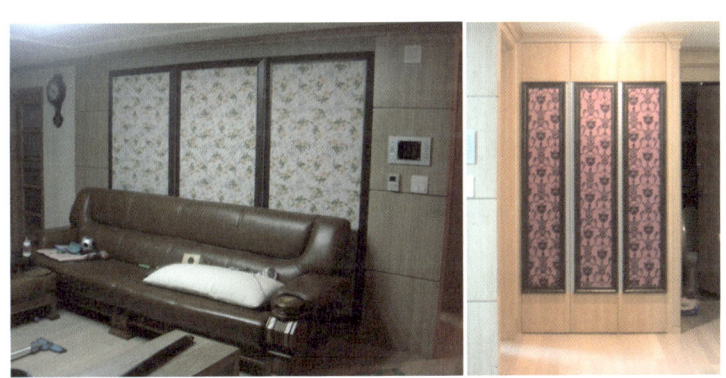

고객에게 구매 이후의 집을 상상하도록 메시지를 전하라

이제부터 집을 상품으로서의 집으로 바꾸겠다고 마음을 먹었다면, 구입을 희망하는 손님의 입장에서 봐야 한다. 구입을 희망하는 손님의 입장에서 보면, 고객은 제일 먼저 지금 당장 이곳에 이사 오면 살기 좋은 곳일지를 상상한다. 그리고 향후 이 집에서 오랫동안 머무르고 난 이후 매물로 내놓았을 때 부동산 가치가 더 오를지를 상상한다.

그래서 홈스테이징은 인테리어 디자인과 다르게 크게 구매예정 고객에게 구입 이후의 집을 상상하도록 2가지로 메시지를 전해야 한다. 첫 번째는 매물로 나온 이 집은 구매자에게 보다 더 나은 삶을 누리게 해 줄 것이다. 두 번째는 구입한 이후 다시 이 매물을 내놓을 때 자산의 가치를 올려줄 것이다. 이러한 2가지의 메시지를 고객에게 전달하기 위해 홈스테이징은 어떻게 전략적으로 접근해야 할까? 아래에서 구체적으로 살펴보자.

(1) 집, 당신의 좀 더 나은 삶을 제공한다.

아무것도 고객 맞이 준비가 되지 않은 채 방치된 공실의 물건과 이곳에 이사를 오면 어떠한 삶을 제공할지 이미지를 상상하게 만드는 스테이징을 거친 물건과 비교해 보면, 스테이징을 거친 물건이 훨씬 더 매력적으로 메시지를 전달한다. 이러한 메시지는 처음 방문한 고객이 집안에서 느끼는 첫인상으로서 '생활방식'과 '생활방식을 영위하기 위한 공간의 크기'에서 파악된다.

❶ 고객은 구매 이후의 라이프 스타일을 사는 것이다

구매 예정자가 구입을 결정할 때 첫 번째로 생각하는 것은 구입 이후의 라이프 스타일(Life style, 생활 방식)이 느껴지는가이다. 그것은 집을 보러 갔을 때, 따뜻하게 맞아주는 집과의 인연을 느끼는 것이다. 아무것도 없는 공간만 있는 집이라면 차갑기만 할 뿐, 매력은 없다고 느껴지게 된다.

다음의 사진처럼 공실로 매물을 부동산 시장에 내놓게 되면 구매자가 이 매물을 구입하고 난 이후 어떠한 삶을 살 수 있을지 상상할 수 없다.

홈스테이징 이전 (출처: elitestagingandinteriors.com)

그러나 아래의 사진처럼 가구와 소품으로 스테이징을 하고 매물을 내놓는다면 이 매물을 보러 갔을 때 구매 이후의 라이프 스타일을 느낄 수 있을 것이다.

구매 이후의 라이프 스타일은 단순히 생활방식뿐만 아니라 소득수준, 취미, 취향 등을 반영한다. 아래의 사진에서 당신은 아마도 중상류층 이상의 생활문화를 느낄 수 있을 것이다. 이처럼 집은 당신에게 좀 더 나은 삶을 제공해 줄 것이라는 메시지가 묻어나도록 예상 고객, 소득 수준 등을 분석해서 스테이징을 해야 한다.

홈스테이징 이후 (출처: elitestagingandinteriors.com)

❷ 고객은 가구를 통해 집의 크기와 규모를 상상한다.

어떤 이유로든 비어 있는 집이 있다. 미분양이 된 아파트이거나 세입자를 받지 못해 빈집으로 방치된 경우도 있다. 이런 빈집을 구매 예정자가 방문한 경우, 가구가 없으면 실제 방의 크기와 넓이를 알기 어렵고, 이사를 오고 난 이후 이 집에서 공간을 어떻게 활용할 수 있을지 상상하기 어렵다. 또한, 이런 매물의 경우 부동산중개사가 그 매물에 대해 설명하는 것은 더 어려울 것이다.

좁다고 생각되는 구조라도 최대한 그 안에서의 생활을 장점으로 이끌어 낼 수 있도록 가구와 집기들로 배치를 해야 한다. 테이블과 의자라도 놓아두면 그곳을 방문한 고객은 어느 정도의 공간이 남는지 한눈에 사진처럼 머릿속에 넣을 수 있고, 실제 생활의 이미지를 떠올리게 되고 상상하게 된다.

(2) 집, 자산의 가치를 올려준다

구매 이후의 집을 상상하는 고객이 집을 바라보는 시점으로 내부적 시점과 외부적 시점이 있다. 내부적 시점은 위에서 다룬 라이프 스타일과 공간의 크기에 대한 것으로 그 집안에서 느끼는 이미지에 대한 상상이다. 반대로 외부적 시점은 구매 이후 그곳에서 거주하고 난 이후 고객이 누리게 되는 주변 인프라를 말한다.

인프라(infra)는 사회적 생산기반을 뜻하는 인프라스트럭쳐(infrastructure)의 줄임말로서 '경제활동의 기반을 형성하는 기초적인 시설과 시스템'을 말한다. 원래는 도로, 하천, 항만, 공항과 같이 경제활동에 밀접한 사회 자본을 가리키는 말이었으나, 최근에는 학교, 병원, 공원과 같은 사회복지 생활환경시설들을 포함한 '생활 인프라'와 영화·레저·공연 등의 '문화 인프라' 등으로 사용한다.

홈스테이징을 하는 경우에도 구매 이후 고객의 자산 가치를 올려주기 위해 대상 고객층에 따라 다르게 접근해야 한다.

첫 번째, 생활 인프라를 선호하는 대상층이다. 고령 고객의 경우 도심에서도 종합병원이 근처에 있는 곳, 초중등학생이 있는 고객의 경우 학교와 학원가 근처를 선호한다. 그리고 반려동물과 함께 사는 고객은 공원을 끼고 있는 곳을 선호한다. 특히, 반려동물과 함께 사는 고객은 퇴근하고 난 이후 저녁에 반려동물과 산책을 하거나 주말에 공원으로 나가 운동을 즐기는 등 구매 이후의 편리한 삶을 상상한다. 이러한 상상은 이 고객뿐만 아니라 반려동물과 함께 사는 다른 고객들도 비슷하게 생각한다. 따라서 생활 인프라를 선호하는 고객을 대상으로 홈스테이징을 할 때 이러한 집 주변의 편리한 생활에 대해 분석을 하고, 해당 매물의 공간에서도 고객에게 매력적인 메시지를 전달해야 한다.

두 번째, 문화 인프라를 선호하는 대상층이다. 고용정보원의 '지역의 일자리 질과 사회경제적 불평등 보고서(2019)'에 의하면 좋은 일자리가 서울·경기권에 집중되어 있고, 그중 서울의 강남에 몰려 있다고 한다. 도시 인프라도 몇 년째 서울의 강남으로 대물림되고 있다고 한다. 젊은 사람들이 강남을 선호하는 이유는 교통의 편리성뿐만 아니라, 영화·스포츠·레저·연극 및 음악공연 등 다양한 문화를 근거리에서 즐길 수 있고 직장과 가까운 곳에 거주하게 되어 퇴근 이후 여유로운 문화를 누릴 수 있기 때문이다.

최근 강남의 일부 아파트는 영화관과 글램핑장, 음악 공연실 등 주거부터 레저까지 한 번에 해결할 수 있는 곳이 등장했다. 이들은 한적한 숲이나 공원보다 공연과 스포츠, 미술관 등 좀 더 남들과 다른 라이프 스타일에 중점을 둔 것이다. 같은 주민들끼리 프라이빗한 소규모 모임을 가지는 등 차별화된 고급문화를 즐기는 고객층이 나타나고 있다.

따라서 이러한 문화 인프라를 즐기는 고객을 대상으로 한 홈스테이징에서는 해당 매물의 공간에 레저·영화·공연 등을 함께 즐길 수 있는 것들에 대해 메시지를 전달해야 한다.

거주자가 있는 집과
거주자가 없는 집은 연출이 다르다

홈스테이징의 기본은 구매자가 호감을 가질 만한 집을 만드는 것이다. 홈스테이징은 크게 거주자가 있는 매물과 거주자가 없는 매물로 나뉜다. 다시 말해서, 홈스테이징은 거주자가 있는 집과 거주자가 없는 집에서 연출도 달라야 한다.

(1) 거주자가 있는 집, 개성을 제거하라

거주자는 집을 부동산 시장에 내놓은 기간 동안 상품이라고 생각하고, 최대한 물건이 잘 팔리도록 어필하기 위해 마치 영화의 세트장처럼 스테이징한다는 것을 의식해야 한다.

그리고 이 경우, 살고 있는 거주자의 개성을 최대한 제거하는 것이 핵심이다. 세계적인 건축가 미스 반 데어 로에(Mies van der Rohe, 1886~1969)가 말한 'less is more'의 간결한 것이 더 아름답다처럼 판매를 위해 구매 예정자에 맞는 타당성 분석이 끝나면, 거주자의 개성이 있는 가구와 소품들을 하나씩 제거한다.

그리고 이것은 부동산의 가치를 더 끌어올리기 위해 홈 클리닝, 정리정돈, 간단한 가구 배치로 마무리한다. 여기서 중요한 포인트는 과도하게 현재 생활하는 거주자의 생활감을 드러내면 안 된다. 그렇다고 무미건조하게 보일 정도로 말끔히 청소를 할 필요도 없다. 홈스테이징을 하면 딱 판매하기에 적당한 상태로 만들어 내는 것이다. 일부의 판매자는 매물이 팔릴 때까지 생활의 불편함을 감수하기도 한다.

아래의 왼쪽 사진처럼 최소한의 청소도 안 된 상태로 부동산 시장에 나와 전혀 상품이 되지 못한 집들이 실제로 많다. 그러나 돈 많이 안 들이고 상품으로서 있어 보이게 하는 방법 중 제일 쉬운 것이 청소와 정리정돈이다. 그리고 구매 예정자를 타깃으로 하여 그에 어울릴만한 액자나 인테리어 소품을 준비하여 공간의 분위기에 맞게 연출을 하는 것이다. 바닥에 널브러진 잡다한 것을 청소하고 아래의 오른쪽 사진처럼 가구의 배치와 약간의 분위기에 맞는 인테리어 그림만 걸어

거주자가 있는 집 (출처: julea.com)

도 분위기는 바뀐다.

두 개의 사진을 비교해 보면, 왼쪽의 사진은 거주자의 입장에서 편리와 개성을 그대로 드러내어 소파나 소품을 배치한 것이다. 또한 정리도 되어있지 않다. 그러나 오른쪽의 사진처럼 매물이 청결한 상태이고 거주자가 일부 불편함을 감수하면서 소파를 새롭게 배치하고 거기에 구매자에게 호감을 줄 만한 액자와 소품으로 연출하였다.

(2) 거주자가 없는 집, 개성을 더하라

거주자가 없는 매물의 경우, 구매자의 시점에서 이곳에 살고 싶게 만드는 것이 가장 중요한 핵심이다. 그러나 팔려고 내놓은 매물에 어떤 이유로든 공실이 생기면, 더 돈을 들이려 하지 않는 것이 이제까지 생각해온 방법일 것이다.

매각을 위해 물건의 가치를 높이는 것이 스테이징의 첫 번째 목적이다. 스테이징이 리폼은 아니다. 필요한 비용은 큰 금액이 아니다. 거주자가 없는 매물의 경우, 구매 예정자의 소득수준, 라이프 스타일, 연령대 등을 분석하여, 상품으로서 연출을 한다. 이 경우, 홈스테이징은 최대한 구매 예정자가 상상할 수 있도록 개성을 더하는 것이다.

다음의 사진은 스테이징을 하지 않은 경우와 하고 난 이후의 모습이다. 먼저, 왼쪽의 빈 공간은 구매 예정자가 상상하기 어렵다. 그러나 비어 있는 이 공간에 주변 입지 분석 등을 통해 타 지역으로 단기출장을 온 남성 직장인을 타깃으로 설정하여 모던한 쇼파와 벽걸이TV, 간단한 장식 화병, 액자, 스탠드 조명으로 분위기를 연출하여 심플함을 강조하였다. 그래서 고객이 이곳에서 다른 가구나 소품의 장식 없이 들어올 수 있도록 한 것이다.

거주자가 없는 집 (출처: www.broadway-platinum.com/home-staging)

스테이징을 위한 적절한 가구나 소품이 없을 경우, 때로는 연출된 공간에 맞는 가구나 소품들을 일정 기간 렌탈하기도 한다. 그리고 이후 구매 예정자가 매물을 둘러보고 마음에 들면, 매물과 함께 가구와 소품들을 파는 경우도 있다.

부동산 매물에 개성을 더하는 방법들은 입지 분석부터 구매 예정자를 대상으로 선정할지 등 분석해야 할 요소가 많고, 사례에 따라 각각 달라진다. 이 방법은 이후 3장에서 상세하게 다루도록 하겠다.

단점을 장점으로,
부정을 긍정으로 끌어올려라

　홈스테이징은 매물에 대한 '첫인상 효과(primary effect, 초두 효과, 첫인상이 미치는 효과)'를 만들어 주는 것이다. 첫인상 효과는 심리학에서 주로 사용되는 용어이다. 첫인상 효과는 먼저 제시된 정보가 추후 알게 된 정보보다 더 강력한 영향을 미치는 현상을 말한다. 그래서 아래의 그림처럼, 처음 만나는 두 남녀가 있을 때, 여성은 남성을 보고 어떤 이미지를 가질까? 매력적인 남자? 저 남자는 수염이 많아 지저분하다고 느낄 수도 있고, 사진 속의 여성은 저 남성의 수염이 매력적으로 느껴질 수도 있다. 여러분은 저 남성의 모습을 보고 어떤 인상을 갖게 되는가? 처음 각인된 잘못된 첫인상은 바꾸려면 40번을 만나야 한다. 그만큼 첫인상이 중요하다.

첫인상 효과

(출처: https://www.freepik.com)

　미국의 뇌 과학자 폴 왈렌(Paul J. Whalen)은 "우리는 뇌의 편도체를 통해 0.1초도 안 되는 극히 짧은 순간 상대방의 호감도와 신뢰도에 대해 평가를 내린다"라고 하였다. 우리는 낯선 상대방에 대해 호감과 신뢰도를 얻는데 0.1초 만에 평가한다. 이와 같이 처음 접하게 되는 부동산 매물에 대해 고객은 0.1초에 좋은 매물과 그렇지 않은 매물을 바로 판단하게 된다. 그래서 부동산도 첫인상이 중요하고, 그 첫인상은 홈스테이징으로 해결할 수 있다. 또한 홈스테이징은 부동산 매물의 단점을 장점으로, 부정을 긍정적 요소로 끌어올릴 수 있다.

(1) 포컬 포인트로 단점의 요소를 장점으로 끌어올려라

집에 포인트가 되는 것이 아무것도 없으면, 고객은 안 좋은 부분에 시선이 집중된다. 즉, 바닥의 상처나 벽지의 변색, 창틀의 노후 등으로 눈이 갈 수밖에 없다. 이런 경우, 고객의 시선은 물건의 마이너스 요소에 더 집중하게 된다. 그러므로 구매자가 매물의 장점을 찾아서 인연을 느낄 수 있도록 단점의 요소가 눈에 띄지 않도록 하면서, 장점의 요소를 끌어내야 한다.

홈스테이징의 핵심 요소는 마이너스 요소를 감추는 것이 아니라 마이너스 요소에만 집중되지 않도록 하는 것이다. 그래서 포컬 포인트(Focal Point, 초점)가 중요하다. 즉, 포컬 포인트를 만들기 위해서는 가장 중요한 포인트만 장식하고 그 외의 공간은 비워두거나 장식을 하지 않고 정리정돈으로 마무리한다. 이러한 포컬 포인트에는 자연스럽게 사람의 시선이 머물게 된다.

집을 방문한다면, 현관을 들어서면 정면으로 보이는 벽이나 선반이 될 것이다. 특히, 현관은 매물의 첫인상을 좌우하는 중요한 장소가 된다. 자연히 눈이 가는 정면 벽이나 선반에 식물이나 오브제, 그림 등을 장식하여 좋은 이미지를 만들어 줄 수 있다. 또한 사람들이 오랫동안 머무는 거실이나 공용로비에는 포컬 포인트가 될 수 있는 그림 액자나 꽃, 플로어 스탠드 등으로 장식하여 상품으로서 최대한 장점을 부각시킬 수 있도록 가치를 끌어올린다.

포컬 포인트 요소 (출처: ホームステージング,2015)

　가구나 소품을 정리하고 배치가 끝난 다음 포컬 포인트를 만드는 게 효과적이다. 하나의 공간에 1~3곳 정도 포컬 포인트를 두면 충분하다. 너무 많이 두면 잡다한 인상을 주어 오히려 역효과를 줄 수 있다.

(2) 향기로 부정적 이미지를 긍정으로 끌어올려라

　홈스테이징은 구입을 생각하고 있는 고객의 시점으로 생각해야 한다. 어떤 매물을 고객이 마음에 들어 할지, 이곳에서 새로운 생활을 그려보며 상상을 할 수 있을지 등 매력적인 공간으로 만들기 위해서는 어떻게 해야 좋을지 늘 생각해야 한다.

　홈스테이징을 할 때, 확실히 체크하고 가야 할 4가지 요소가 있다. 첫째, 구매자의 시선에서 물건을 체크한다. 둘째, 장식이 아니라 연출을 한다. 셋째, 포컬 포인트로 정리한다. 이 3가지는 시각적인 요소를 정리하는 것이라면 네 번째는 향기, 후각적인 요소를 정리하는 것이다.

구매 예정자가 매물을 구경할 때 '냄새'도 첫인상을 좌우하는 중요한 포인트가 된다. 특히, 거주자가 있는 매물의 경우, 매일매일의 요리 냄새가 남아 있거나 애완동물 냄새가 나거나 하는 등 아무래도 실내에서 생활하는 냄새가 남아 있기 마련이다. 신축 건물의 경우에도 건축자재의 독특한 냄새가 남아 있는 경우도 있다. 일례로 내가 경매로 임장 활동을 갔던 적이 있었다. 서울의 강북지역으로 역세권에서 버스로 20분 거리이고, 경사진 언덕에 아파트가 자리 잡고 있었다. 위치상으로 다소 멀어 불편한 점은 있었으나 아파트 주변에 산이 있어 숲세권으로서 경치가 훌륭했다. 경사진 언덕에 입지한 부동산 매물은 최상층의 계단식 아파트로 일부가 스킵플로어(Skip floor, 건물 각층의 바닥 높이를 일반적인 건물과 같이 1층분의 높이만큼 높이지 않고, 반 층씩 차이나게 설계하는 방식) 형식이었다.

인근 부동산중개사와 함께 아파트를 방문한 순간 깜짝 놀랐다. 전망 좋은 뷰는 전혀 눈에 들어오지 않았다. 그저 집에 널브러진 옷과 짐들, 거실 한쪽에 펼쳐진 빨래건조대의 옷들, 청소는 한 일주 전에나 했을 법한 지저분한 것들이 먼저 눈에 들어왔다. 그리고 오랫동안 환기가 되지 않아 음식물 냄새와 애완동물 냄새, 그리고 특유의 여러 냄새들이 섞여 참을 수 없는 이상한 냄새가 났다.

나는 이 매물을 보러 오기 전에 좋은 숲 전망을 봐야겠다고 생각했던 것이 막상 이 집에 방문하고 나서 바로 사라졌다. 이처럼 집에 안 좋은 냄새가 많이 나는 경우도 부정적인 이미지를 만들 수 있다. 그래서 이런 집을 보고 나오면 안타깝다는 생각이 든다. 홈스테이징만 했었어도 좀 더 높은 가격을 받을 수 있을 텐데 하는 아쉬움이 남았다.

이런 경우는 어떻게 해결을 해야 할까? 매물을 구경할 때 냄새가 나지 않는 상태가 최고다. 생활 속 냄새가 남아 있는 경우 창문을 열어 환기를 시키거나 시중의 탈취 스프레이나 향초를 활용하여 냄새를 줄일 수 있다. 향기 나는 스프레이도 있지만 향기의 기호는 연령이나 성별에 따라 다르기 때문에 너무 개성이 강한 향기는 마이너스 인상을 줄 수 있다.

방향제를 사용할 때는 자몽이나 레몬향 등 비교적 많은 사람들이 좋아하는 식물계 향을 선택하는 것도 좋다. 또한, 구매 예정자가 구경을 하러 오기 전에 커피를 타서 생활 속 냄새를 경감시키는 것도 한 가지 방법이다.

다음의 그림은 실내에서 사람에게 라벤더 향을 분사한 경우이다. 향이 없는 경우의 뇌(A)와 향이 있는 경우의 뇌(B)를 비교해 보면, 사람 뇌의 움직임이 확연히 다르게 나타난다. 이처럼 방문한 곳에 냄새로 인해 부정적인 이미지가 생기는 경우, 향기로 긍정적 이미지로 바꿀 수 있다.

향에 의한 진정작용 (라벤더를 맡은 경우 뇌의 움직임)

(출처: インテリアと空間演出の基礎知識, 2011)

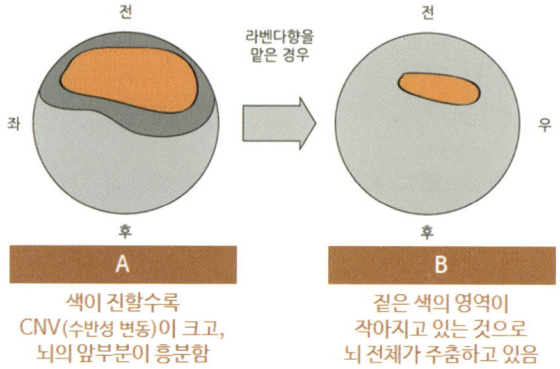

아래의 그래프는 일본의 한 조사 기관에서 연구한 데이터이다.

향기의 유무에 의한 자각 증상 조사결과

(출처: インテリアと空間演出の基礎知識, 2011)

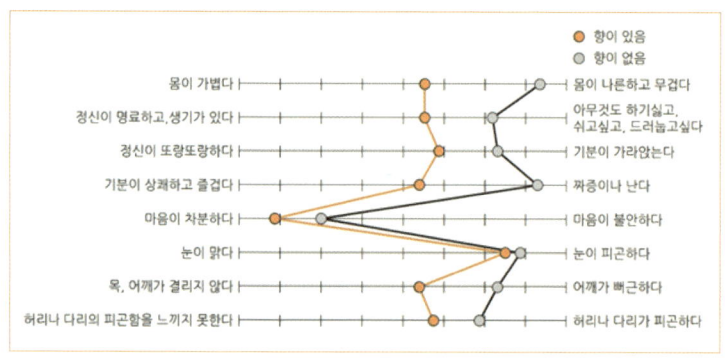

실내공간에서 향기의 유무에 따라 사람의 자각증상을 조사한 결과이다. 그래프를 보면 향기가 있는 경우, 없는 경우보다 온몸이

가볍고 기분이 상쾌하고 좋아지는 증상이 나타났다. 이처럼 처음 부동산 매물을 보러 오는 고객에게 첫인상을 부정적 이미지에서 긍정적으로 끌어올리기 위해 향기를 활용하면 좋다.

　아래의 그래프는 부동산 매물 중 오피스 건물에 시간대별로 향기 프로그램을 도입한 사례이다. 아침 출근 시간에는 상큼한 시트러스 향으로 몸과 마음을 가볍게 하고, 오전과 오후에는 플로럴 향으로 은은하게 하여 몸과 마음을 이완시키고, 늦은 오후에는 식물의 우디 향으로 피로를 푸는 것이다. 백화점이나 대형쇼핑몰에서는 이러한 향기 프로그램을 활용하는 사례가 많이 있다. 이와 같이 매물을 구경하러 오는 구매 예정자를 위해 매 시간별로 향기를 다르게 할 수도 있어 참고하면 좋다.

오피스 빌딩의 향기 프로그램　　　　　　(출처: インテリアと空間演出の基礎知識, 2011)

뺄셈의 미학, 부동산 상품으로서 가치를 올려라

스테이징은 장식을 하는 것이 아니다. 또한 본인이 좋아하는 스타일로 인테리어를 하는 것도 아니다. 자신만의 공간의 개성을 없애는 것이 제일 중요하다. 앞에서 언급한 것처럼 정리한다는 것은 공간에서 무언가를 하나씩 제거해 간다는 것이다. 이것도 공간에서 상품으로서 가치를 올리는 방법이 될 수 있다. 그러나 더 중요한 것은 그 이후에 이루어져야 할 것으로 내놓은 매물에 뺄셈의 미학을 주는 것이다. 이것은 과감한 장식을 빼는 것과 화려한 색상을 빼는 것 2가지 방법으로 할 수 있다.

(1) 과한 장식은 빼라

내놓는 매물을 정리하는 것뿐만 아니라 무언가를 장식한다고 할 때 하고 싶은 것, 해야 할 것 등이 생각이 날 것이다. 정리정돈 다음으로 중요한 것은 구매예정고객을 상정하고, 상품으로 가치를 올릴 수 있도록 과감한 장식을 빼고, 장식에 대한 고정관념을 버리는 것이 중요하다. 이때 디자인과 컬러, 인테리어, 건축 등 지식을 총동원해야 한다. 하지만 매물을 위해 이러한 것들이 들어가는 것을 '장식을 더하는 것'으로 오해하기 쉽다. 어디까지나 매물을 팔기 위한 툴일 뿐 장점을 드러내기 위해 과하게 장식해서는 안 된다. 과한 장식은 오히려 구입을 생각하는 고객의 관심을 멀게 할 수도 있다.

또한, 처음 해당 매물을 구경하러 온 고객은 서 있는 자세에서 공간을 둘러보기 때문에 판매자는 고객의 눈높이에서 매물을 바라보고, 공간의 분위기를 만들어 가야 한다. 이때 가장 쉽게 할 수 있는 방법으로는 벽면부터 장식을 빼 나가고, 다음으로 테마가 다른 것을 정리하는 것이다.

❶ 벽면부터 장식을 빼라

사람은 위치에 따라 시야가 변한다. 아래의 그림처럼 사람이 서 있을 때 벽, 천장, 바닥 순으로 시야에 들어온다. 그중 사람의 시야에는 벽면이 가장 많이 들어온다. 그래서 과한 장식을 뺄 때는 먼저 벽면부터 제거한다. 벽은 실내공간의 분위기나 인상을 결정하는데 가장 큰 영향을 미치기 때문이다. 사람이 앉아서 실내를 둘러보는 경우, 시야는 천장보다 벽과 바닥으로 많이 간다. 그래서 스테이징을 할 때 고객이 바닥에 있는 화려한 카펫이나 아이들 놀이용 매트로 시선이 가지 않도록 과감히 빼는 것이 좋다.

사람의 위치에 따른 시야의 변화

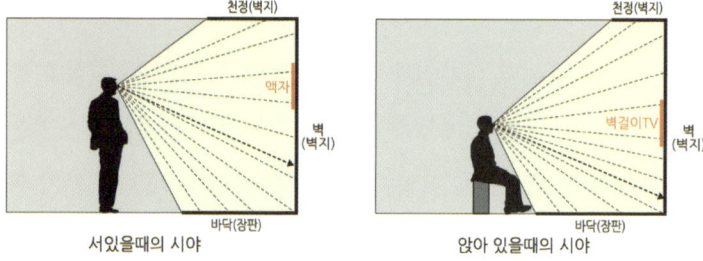

아래의 사진은 천장고가 낮아 천장과 벽이 한 번에 시야로 들어오는 경우이다. 이는 천장 부분에 화려한 장식 보(beam, 빔)가 설치되어

화려한 장식보와 파벽돌 벽면

(출처: CHSSP)

있고, 벽면에는 한때 유행했던 파벽돌로 장식이 되어있다. 그러나 이러한 과한 장식은 고객으로 하여금 이 매물에 대한 장점을 보지 못하게 한다. 이런 경우 과한 장식을 제거하기 위해 철거가 어렵다면 간단한 방법으로 천장의 장식보와 벽면의 파벽돌은 흰색 페인트를 활용하여 칠한다. 비용도 저렴하고 시간도 하루 정도면 충분하다. 천장면과 보, 벽면의 기둥과 파벽돌은 모두 흰색으로 칠하여 전체적으로 통일감을 주고 훨씬 넓어 보이는 효과를 줄 수 있다.

첫 번째 벽면을 정리하고, 그다음으로 바닥의 화려한 마감재나 넓은 소파를 정리한다. 그러나 바닥을 교체하는 것은 비용적인 측면에서 많은 돈이 든다. 그래서 이때 좋은 방법은 넓은 면적의 카펫으로 부분 깔기를 하거나 넓은 소파 위에 차분한 색상의 패브릭으로 덮고 그 위에 쿠션으로 포인트를 주어 정리한다. 잊지 말아야 할 것은 고객이 서 있을 경우나 앉을 경우 공통적으로 벽면에 시선이 제일 많이 간다는 것이다. 그래서 시간과 비용대비 효과적으로 빠르게 상품으로서의 가치를 올리는 방법은 벽면부터 장식을 빼는 것이다.

인테리어는 트렌드다. 최근 인테리어의 트렌드 주기가 짧아지고 있어 패션처럼 일시적으로 왔다가 사라지는 패드(fad)의 경향이 나타나고 있다. 그래서 주변의 집이나 상가를 가보면, 인테리어 할 당시에는 아름답고 독특할지 모르지만 금방 질리거나 싫증이 나는 경우가 많다.

아래의 사진처럼 신혼 때 한 번쯤 시도해 본 꽃무늬 장식 벽지는 개인의 취향이 많이 반영된 것이다. 필자도 한때 친구의 결혼 선물로 신혼집을 화려한 장미꽃과 자작나무패턴의 벽지로 거실과 부엌을 디자인해 준 적이 있다. 아마도 이 글을 읽는 당신도 이런 벽지는 한 번쯤 보았을 것이다. 안타까운 것은 아직도 매물로 내놓은 집에 이러한 벽지가 많이 있다는 것이다. 그래서 임장 활동을 가서 부동산 매물을 보면, 눈이 가지 않고 그냥 나오고 싶은 경우도 많다. 이것은 매물의 가격을 더 떨어지게 하고 오랫동안 나가지 않게 만드는 원인이 된다는 것을 명심해야 한다.

화려한 꽃무늬와 자작나무 벽지

고객은 수직으로 선 자세에서 주위를 둘러볼 때 벽에 시선이 먼저 가고, 그다음으로 벽 앞에 놓인 가구나 집기들로 이어진다. 그래서 '벽면부터 장식을 빼라'는 것은 벽면, 벽면의 앞, 벽면의 주변 순으로 시야를 돌려가면서 정리해야 할 영역을 넓혀 '입면(立面,

Elevation)을 정리하는 것'과 같다.

❷ 높이가 다른 것은 빼라

사람은 높이에 따라 시각적·심리적으로 다르게 느낀다. 아래의 그림처럼 높이 110㎝ 이하의 가구나 소품은 시각적으로 어떤 공간의 영역을 표시하거나 경계를 나타낼 뿐 사람이 공간적 분리를 느끼지 못한다. 그러나 180㎝ 이상이 되는 가구나 소품은 사람의 시선보다 높아 물리적·시각적으로 차단되어 보인다. 그래서 내놓는 매물에 공간을 시각적으로 차단시키거나 산만하게 하는 장식 요소가 있다면 과감히 빼야 한다.

높이에 따른 시각적 · 심리적 효과

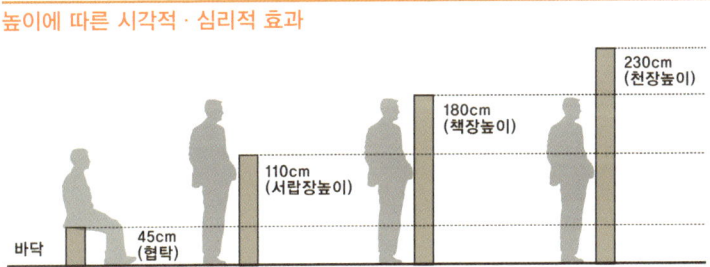

아래의 좌측 사진은 흔히 보는 거실의 풍경이다. 낮은 TV 거실장과 그 위에 올려진 TV, 벽 구석에 있는 높은 장식장은 공간에서 균형이 맞지 않고 산만하다. 이런 경우, 높은 장식장을 빼고 TV와 낮은 TV 거실장으로 균형감을 살려 장식한다.

또한, 우측 사진은 서재 겸 다용도실로 활용하고 있지만, 매물로 내놓는 경우 공간의 역할을 정확히 주지 못한다. 이런 경우 구매 예정자들이 이 공간을 어떤 용도로 활용할지 목적을 명확히 주는 것이 좋다. 예를 들어, 아래의 사진을 서재 겸 집무실로 스테이징하는 경우, 넓은 좌식용 테이블은 크기가 맞지 않아 과감히 뺀다. 그리고 높이가 같은 두 개의 책장을 나란히 붙여 배치하고 여기에 책상을 책장과 수직으로 하여 CEO의 사무실처럼 가구 배치를 한다.

높이가 다른 가구

❸ 테마가 다른 것을 빼라

위에서 다룬 높이에 따른 시각적·심리적 효과를 활용하여 같은 테마끼리 소품과 가구를 그룹핑 해본다. 그러면 훨씬 공간이 안정적으로 느껴진다. 이때 테마에 맞지 않는 가구나 소품은 과감히 뺀다. 아래 사진처럼 화려한 팝아트의 레드 그림과 거칠거칠한 빈티지 액자, 내추럴한 긴 패브릭 소파, 겨울 콘셉트의 1인용 가죽 소파는 각각 다른 테마를 지니고 있어 공간이 더 산만하고 지저분해 보일 수도 있다.

여러 가지 테마가 혼재한 거실 (출처: CHSSP)

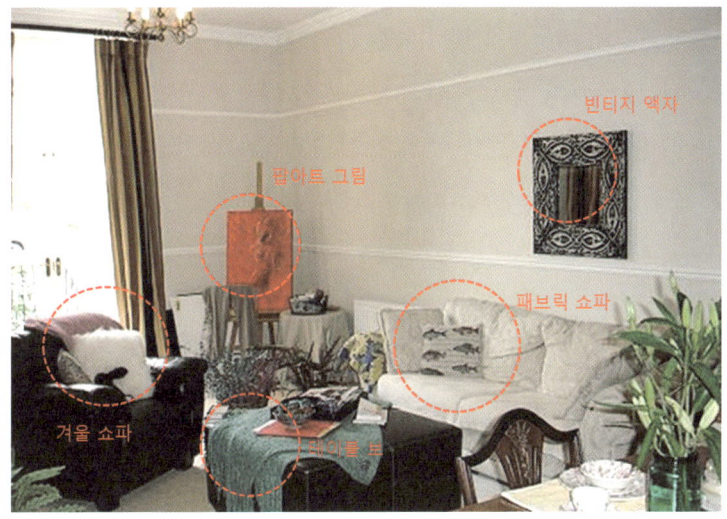

 이런 경우 1개의 테마로 정리하는 것이 좋다. 팝아트, 옵아트 등의 아트 히스토리 콘셉트, 봄·여름·가을·겨울의 시즌 콘셉트, 프랑스 남부지역의 프로방스, 초기 아메리카 등의 지역문화 콘셉트 등이 있다. 1개의 테마로 정해지면, 키가 큰 소품은 사람의 시야에 제일 먼저 들어오기 때문에 같은 테마끼리 그룹핑한다.
 또한, 상품으로서 구매 예정자를 고려한다면, 이 공간은 벽지와 커튼의 컬러에 맞추어 내추럴한 테마가 가장 적절하다. 벽면의 빈티지 액자는 사람의 시선과 같은 높이여서 제일 먼저 들어온다. 이 경우 제일 먼저 뺀다. 그리고 거실 코너에 장식된 팝아트의 빨간색 그림은 내추럴한 테마와 달라 제거하고 바닥에 놓여 있는 넓은 면적의 가죽 스툴은 계절적으로 맞지 않아 빼거나 패브릭 소파와 같

은 느낌의 내추럴한 패브릭으로 덮어주면 테마를 맞출 수 있다. 아래의 사진은 내추럴한 테마에 맞추어 패브릭 소파와 같은 무드의 액자를 수평으로 걸고 공간에 불필요한 가죽 소파는 다른 곳으로 이동한다. 그리고 같은 내추럴한 테마의 소파테이블과 테이블 위에 장식 소품으로 연출하여 마무리한다.

내추럴 콘셉트의 테마로 정리한 거실 (출처: CHSSP)

(2) 화려한 색상은 빼라

과감한 장식이 빠지고 어느 정도 공간이 백지상태처럼 정리가 되면, 손님의 눈길을 끌 수 있도록 군데군데 색상으로 공간의 표정을 만든다. 그러나 여기서 중요한 것은 대상 고객에 맞추어서 진행

해야 한다는 점이다. 예를 들어, 20~30대를 대상으로 하는 경우라면, 요즘 이 세대는 개성 있는 힐링 공간을 선호한다. 그래서 힐링 공간을 만들기 위해 전반적으로 화이트 컬러를 주조색으로 하고, 여기에 부분부분 힐링의 콘셉트를 줄 수 있는 그린색 화분이나 노란색의 액자, 쿠션 등으로 장식한다. 또한, 40~50대를 대상으로 하는 경우, 대표적으로 우아한 엘레강스 스타일을 좋아하는 세대여서 화려한 색상을 과감하게 빼는 것이 무엇보다 중요하다.

아래의 사진처럼 아이가 어렸을 때, 동화 속을 연상케 하는 구름 모양 벽지와 동물캐릭터 띠지와 커튼은 어느 집에서나 한 번쯤 꾸며 보았을 것이다. 그러나 이 매물을 내놓기 위해 한번 생각해봐야 할 것은 저 하늘색 벽지와 알록달록한 동물캐릭터의 커튼은 어떤 고객이 마음에 들어 할까? 공간에서 화려한 색상을 제거할 때는 그 공간에 보이는 천장, 벽, 바닥의 컬러도 있지만 공간에서 넓은 면적을 차지하는 커튼이나 가구의 색상도 포함이 된다.

구름 모양 벽지와 동물캐릭터 커튼 사례

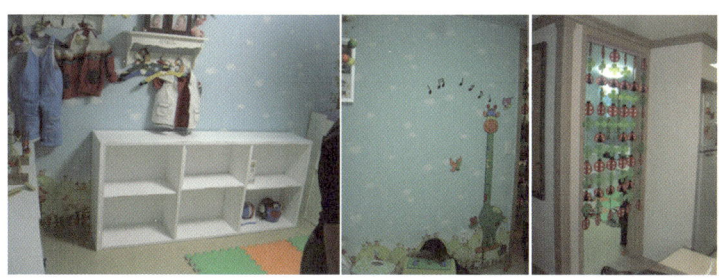

실내공간에서 화려한 색상을 제거하는 이유는 구매 예정자의 성별 및 연령에 따라 선호도가 달라질 수 있기 때문이다. 그래서 실내공간에서 손쉽게 할 수 있는 방법으로 컬러를 먼저 잡으면 된다.

최소의 비용으로
최대의 효과를 살려라

홈스테이징을 할 때 중요한 점은 인테리어업이 아니라는 것이다. 그래서 인테리어에 드는 시간을 최대한 줄여야 한다. 만약 인테리어가 부분적으로 필요하다면, 담당자와 사전에 충분히 협의하여 물건으로서 가치를 올릴 수 있는 부분에 집중하고 나머지 부분은 공사의 범위를 줄인다. 왜냐하면, 이것은 상품으로서의 집을 판매하기 위한 것으로 최소한의 비용으로 최대의 장점을 살리는 것이 키 포인트이기 때문이다.

홈스테이징은 단점을 최대한 커버할 수 있는 인테리어면 충분하다. 아래의 사진을 보면, 옥탑에 있는 욕실의 경우 공간이 굉장히 협소하다. 인테리어 업자라면 옥탑 내부를 다 철거하거나 욕조를 해체하여 샤워부스를 설치하는 작업을 진행했을 것이다.

스테이징 없이 나온 매물

(출처: CHSSP)

그러나 홈스테이징은 최소한의 비용으로 최대의 효과를 살리기 위한 것으로 간단히 수리와 리폼으로 공간의 분위기를 바꿀 수 있다. 베이스 작업으로서 시간과 비용을 최소한으로 하고 거기에 최대의 효과를 주기 위해 인테리어 소품으로 연출한다. 위의 경우는 천장의 창틀과 보, 매입형 욕조의 벽, 욕실 문과 벽을 모두 화이트 색상의 페인트로 칠을 하여 시간과 비용을 단축시킨다. 그리고 아래의 사진처럼 경사진 지붕 아래의 죽은 공간에 따뜻한 조명과 꽃병으로 연출을 한다. 어떤가? 위의 사진처럼 매물로 내놓는 물건에 아무것도 손대지 않은 것보다 아래의 사진처럼 일부 손을 거쳐 상품으로서 가치가 있어 보이게 하는 것이 훨씬 낫다.

스테이징을 거친 매물

(출처: CHSSP)

홈스테이징은 내놓은 매물이 구매자에게 매력적으로 보이게 가능한 최상의 상태로 제시하는 것이다. 그러나 한 푼도 들이지 않는 것보다 최소한의 비용으로 최대의 효과를 살려 좀 더 높은 가격에 매물을 파는 것이 더 효과적일 것이다. 일단 내놓은 매물에 스테이징을 하겠다고 마음을 먹은 순간 아래의 몇 가지만 신경을 써보자.

(1) 포컬 포인트를 만들어라

포컬 포인트는 사람의 시선이 모이는 곳으로 그 공간의 매력을 잘 보여주는 장소이다. 홈스테이징에서는 정리나 청소를 하고 가구를 배치한 후 플로어 스탠드나 식물, 오브제 등 공간 속에 놓아

꾸밈으로써 구매자가 이 집에 살아보고 싶다고 생각할 수 있게 한다.

그래서 홈스테이징에서는 항상 포컬 포인트를 의식하는 것이 중요하다. 예를 들어, 아이들이 있는 집은 늘 거실에 나와 있는 책장이 골치다. 또는 책 읽는 것을 좋아하는 사람은 그 많은 책을 어디에 두어야 할지 고민인 경우도 있다. 이런 경우, 책상의 책을 꽂을 때도 용도별로 꽂는 것이 아니라 컬러별로 정리한다. 보통 책장의 책은 용도별로 꽂아두어야 나중에 찾기가 쉽다. 그러나 홈스테이징에서는 오로지 매력적인 공간을 만들기 위해 거실의 메인에 자리 잡은 책장을 포컬 포인트로 활용하는 것일 뿐이다. 이런 경우 2가지의 방법이 있다.

❶ **색상별로 정리하라**

실내공간의 색은 단색의 세계가 아니며, 바닥·벽·천장·커튼 등을 배경으로 하여 가구색, 소품색 등 많은 색으로 이루어진다. 그래서 실내공간에서 색은 입체적 배색으로 봐야 한다. 따라서 거실 공간처럼 메인 공간에 포컬 포인트로 자리 잡은 책장은 주로 여러 가지 색이 동시에 들어와 굉장히 산만하고 어수선해 보인다. 이런 경우 책장은 용도가 아닌 색상별로 책을 정리하고, 이때 유채색을 기준으로 정리한다. 색상은 빨간색·주황색·노란색의 따뜻함에서 녹색·파란색·보라색의 차가운 색상으로 감정 효과가 다르게 나타난다. 책장의 책을 정리할 때도 따뜻한 색에서 차가운 색으로 그러

데이션을 주듯 정리한다.

색채에 대한 인간의 감정 효과   (출처: ラクラク突破のインテリアコ□ディネ□タ□合格テキスト, 2019)

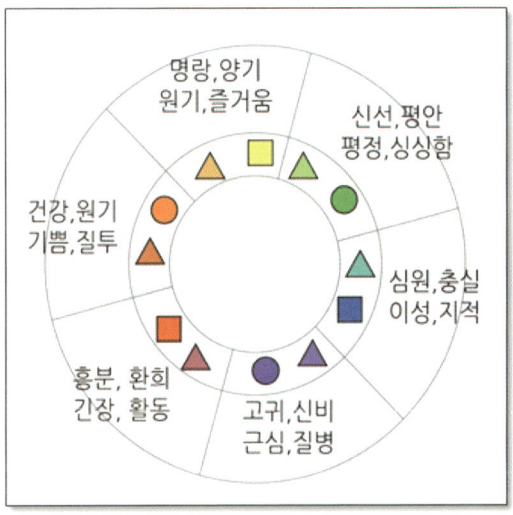

아래의 그림처럼 책을 정리할 때 가로의 수평선과 세로의 수직선으로 나누어 수평선은 무지개 컬러로 넘어가게 색상을 정리한다. 그리고 수직선은 무거운 색을 아래 선반에 가벼운 색을 위 선반에 올려두어 정리한다. 책장이 하나의 아트월처럼 바뀔 수 있다. 돈 안 들이고 쉽게 공간을 바꿀 수 있는 방법 중의 하나이다.

컬러별로 정리한 책장 (출처:chicagolandhomestaging.com)

❷ **색상을 삭제하라**

　책장 안의 책이 형형색색의 색상이 너무 많아 산만하다면, 책을 뒤집어서 책등이 책장 안으로 들어가게 배치한다. 즉, 홈스테이징을 하는 순간 책장은 책을 읽기 위해 꽂아두는 것이 아니라 벽의 포인트로서 장식 효과를 주기 위해 정리를 하는 것이다. 이런 경우, 책의 색상이 제거되면서 책장은 하나의 벽으로서만 역할을 한다. 색상을 제거한 책장에 빼곡히 넣어둔 책들도 일부 비우고, 책장 안쪽에 여유 공간을 두어 쉼을 주도록 한다. 스테이징은 청소 및 정리에서 끝나는 것이 아니다. 포컬 포인트로서 공간에 드러나게 할 것인가 또는 공간에 묻혀있듯 드러나지 않게 할 것인가 그 강약을 조절하는 것도 중요하다.

아래의 사진은 책장의 책등을 뒤집어서 안으로 꽂은 것이다. 그리고 일부 선반은 비워두고 화병이나 기타 소품으로 연출을 한다. 이것만으로 아트월이 될 수 있고 자연스럽게 고객의 눈이 그곳에 머물게 된다.

색채를 제거한 책장

(출처: https://www.elledecor.com)

❸ 중립적인 모습을 취하라

홈스테이징은 유행하는 여러 인테리어 중 특정 부동산 매물에 어울릴만한 구매 예정자를 찾고, 그에 맞춰 스타일링을 하는 것이다. 홈스테이징에서도 색상은 전반적인 트렌드를 따라가지만, 구매 예정자가 전반적으로 좋아할 만한 공간의 색을 정하기는 어렵다. 이런 경우, 대표적으로 그해 유행하는 중립적인 색상을 선택하는 것이 가장 쉬운 방법이다.

예를 들어, 10년 전 스테이징에서는 회색이 트렌드였으나 최근 흰색이 트렌드이다. 흰색은 무채색계열(흰색, 회색, 검정색)로 색이 가지는 기본적인 성격이 없어 중립적이다. 요즘은 이런 흰색이 다양하게 사용되어 색상의 범위도 넓어지고 있다. 벽지도 노란색의 따뜻한 느낌이 감도는 웜 화이트 톤, 파란색의 차가운 느낌이 감도는 쿨 화이트 톤으로 나뉜다. 월넛이나 체리목의 마루 바닥의 우드 패널도 흰색으로 바뀌고 있다. 전체가 깨끗하고 부드러운 이미지가 많이 감돈다.

 이런 경우 자칫 공간이 밋밋해질 수 있기 때문에 컬러에 포인트를 주거나 톤에 변화를 주기도 한다. 컬러에 변화를 주고자 하는 경우, 전체적으로 베이스를 화이트로 하면서, 컬러가 있는 의자나 인테리어 식물, 또는 액자를 이용하여 공간에 포인트를 준다. 이것은 작은 공간에서 넓어 보이고 더 깔끔한 인상을 줄 수 있다. 또한 톤에 변화를 주는 경우, 완전 하얀 흰색의 벽지보다 유사한 톤의 화이트를 섞어서 사용하거나 마룻바닥이나 타일을 깔 때 바둑무늬나 빗살무늬 패턴을 주어 밋밋해지는 공간에 우아하거나 경쾌감을 줄 수 있다.

화이트를 메인 컬러로 연출 (출처: https://www.lghausys.co.kr)

(2) 주요 공간에 집중하라

 예산이 제한적이라면 주요한 방에 노력을 집중하는 것이 좋다. 고객이 처음 접하는 대문이나 현관부터 시작해서 거실, 주방, 욕실 등으로 구매자에게 중요한 공간이라 생각되는 곳을 다 하면 좋다. 그러나 적은 비용으로 더 큰 효과를 볼 수 있는 방법이 있다. 비용을 줄이는 방법으로는 한 곳에만 집중하는 것이 좋다. 이런 경우, 제일 먼저 거실에 시간과 비용을 투자해야 한다. 그리고 이후 비용이 좀 더 투입이 된다면 부엌이나 욕실로 확장하면 된다. 지금 현재 거실의 상태가 어떤지 바로 파악할 수 있다. 그리고 청소와 정리정돈이 끝나면, 고객의 주요 동선을 파악하고 주요 시선이 머물 곳을 정한다.

(3) 어두운 곳을 밝게 하라

 구매 예정자가 매물을 보러 오는 경우는 대부분 낮에 방문한다. 그래서 집의 자연광을 최대한 활용한다. 집을 보여줄 때 커튼과 블라인드는 모두 열어두어야 한다. 필요한 곳에 조명기를 추가하고 밝고 따뜻한 느낌을 주기 위해 조명을 모두 켜둔다. 물론 수납장이나 장식장에 있는 조명도 켜둔다. 이렇게 하면 집이 더 밝고 매력적으로 보이고 구매자가 전등 스위치를 찾을 필요도 없다. 기존 전등이 괜찮다고 생각되면 먼지를 털고 때를 닦아낸다. 그렇지 않으면 오래되고 깨진 전등은 교체해야 한다.
 그러나 집 안으로 들어오는 자연광이나 집 안 내부의 조명의 밝기가 충분하지 않은 경우 아래의 그림에서 보는 바와 같이 추가로 플로어 램프나 테이블 램프를 저렴한 가격에 구매하여 장식용으로 연출을 한다.

부착 방식에 따른 조명 명칭

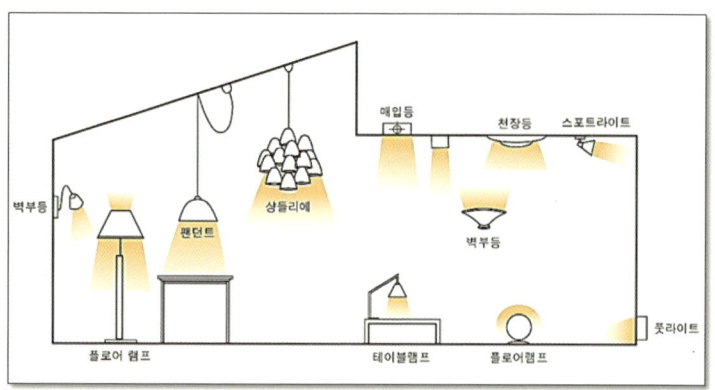

이때 조명은 부드러운 분위기를 연출할 수 있는 노란 계열의 색상인지 확인을 하고 구매한다. 조명의 색은 주광색, 주백색, 전구색으로 구분한다. 주광색은 청색의 색감이 감도는 조명으로 오랜 시간 집중을 해야 하는 사무실이나 공부방에 적합하다. 주백색은 하얀 색감의 빛이 특징으로 일반적으로 전체 조명으로 많이 사용한다. 전구색은 백열전구처럼 노란색의 따뜻한 색감이 특징이다. 홈스테이징에서는 부드럽고 온화한 느낌을 주어야 하기 때문에 전구색이 적합하다.

(출처: ホームステージング, 2015)

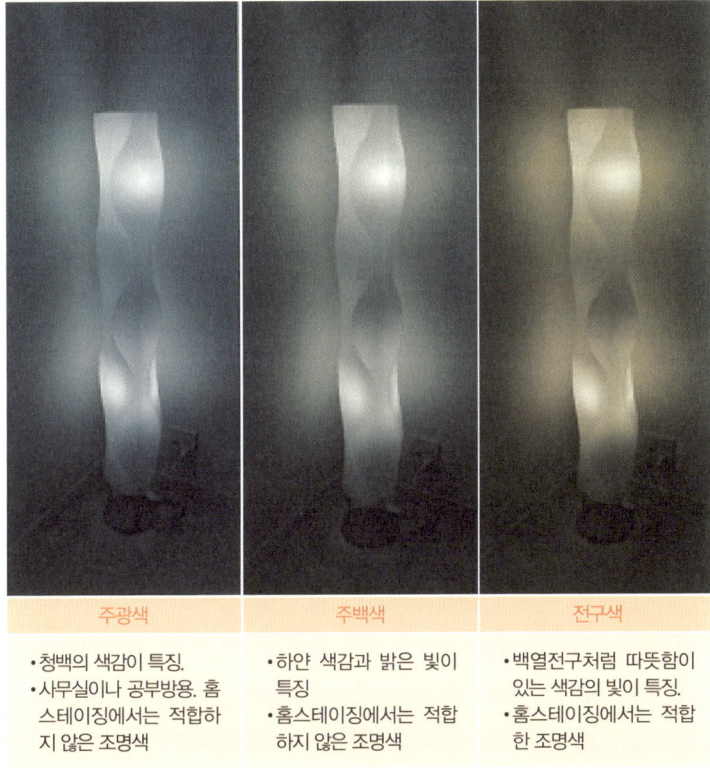

주광색	주백색	전구색
• 청백의 색감이 특징. • 사무실이나 공부방용. 홈스테이징에서는 적합하지 않은 조명색	• 하얀 색감과 밝은 빛이 특징 • 홈스테이징에서는 적합하지 않은 조명색	• 백열전구처럼 따뜻함이 있는 색감의 빛이 특징. • 홈스테이징에서는 적합한 조명색

요즘 인테리어의 트렌드가 주택에도 매입등을 많이 하는 것이 특징이다. 그러나 너무 많은 조명은 오히려 천장을 산만하게 만든다. 방의 조명이 하나의 커다란 직부등(천장에 직접 부착하는 등)으로 제한되어 있다면, 소파 주변으로 포인트 역할을 할 수 있는 테이블 램프나 플로어 램프를 둔다. 또한 기존에 있는 조명을 활용하는 경우, 전등의 갓을 분위기에 맞추어 교체하는 것도 좋은 방법이다. 특히 주방에서 식탁 위에는 조명이 어떤 것이냐에 따라 분위기가 많이 달라진다.

(4) 액세서리에 집중하라

앞에서 언급한 바와 같이 인테리어와 달리 홈스테이징의 가장 큰 매력은 리모델링 공사 없이 공간의 분위기를 바꿀 수 있는 것이다. 그중에서 최소의 비용으로 최대의 효과를 볼 수 있는 것이 바로 인테리어 액세서리이다. 인테리어 액세서리는 쿠션, 화병, 액자, 장식 소품, 캔들, 인테리어 부자재 등 다양하다. 액세서리는 어떻게 연출하는지에 따라 분위기가 많이 바뀔 수 있어 고도의 감각과 센스가 필요한 부분이다.

아래의 사진처럼 내놓은 매물의 거실이 휑하니 비어 있는 소파가 있다면, 뭔가 허전한 느낌이 들것이다. 물론 공간도 매력적으로 보이지 않을 것이다.

뭔가 허전한 비어 있는 소파 (출처: CHSSP)

이런 경우, 아래의 사진처럼 소파 컬러, 뒤 벽면 컬러, 액자 컬

러 등 주변의 컬러들과 조화를 이룰 수 있는 액세서리용 쿠션을 정하고 소파 위에 장식해 보라. 이전보다 분위기가 변화된 것을 느낄 수 있을 것이다. 그리고 더 고급스러워 보일 것이다. 이곳을 처음 방문한 고객이 어디에 더 눈이 갈지 한번 생각해 보라. 이렇게 액세서리 하나로 비용 얼마 들이지 않고 충분히 최대의 효과를 만들 수 있다.

쿠션으로 연출된 소파 (출처: CHSSP)

또한 인테리어의 부자재로서 가구 손잡이, 중문 손잡이 등도 포인트용으로 사용 할 수 있다. 요즘은 전반적으로 인테리어의 트렌드가 화이트 대리석 바닥에 화이트 페인팅 벽 등 화이트 컬러로 바뀌고 있다. 그래서 내놓는 매물이 요즘의 트렌드에 맞지 않는 월넛이나 체리색의 몰딩을 하고 있다면 흰색 페인트로 칠을 하고 자칫 밋밋해질 수 있는 가구 손잡이, 중문 손잡이, 거실장, 주방 싱크대

상하부장, 욕실 상하부장 등에 손잡이를 바꾸어 봐라. 분위기가 바뀐 것을 느낄 수 있다.

손잡이를 교체한 수납장(출처: https://www.beaninloveblog.com/2020/02/updating-old-dresser-makeover.html)

좀 더 비싸게 팔고 싶다면 불편을 즐겨라

집을 팔고 싶은 생각이 들기 시작하면, 판매자는 판매를 위한 대략적인 흐름을 이해하는 것이 중요하다. 게다가 집을 팔아서 다른 곳으로 이사를 가고 싶은 목적을 적어둔다. 예를 들어, 더 좋은 집으로 이사하고 싶다거나 부모님을 돌보기 위해 즉시 집을 팔아야 하는 등 집을 파는 목적은 다양하다. 어느 정도 목적이 정해지면, 빨리 파는 것을 우선하고 싶은지 또는 비싸게 파는 것을 우선으로 하고 싶은지 목표를 정해야 한다.

집을 빨리 팔거나 좀 더 비싸게 팔고 싶다면 재택 판매자의 경우 공통적으로 해야 할 것이 있다. 그것은 몇 가지 불편을 감수하는 것이다.

(1) 항상 깔끔하게 정리하라

사람이 살고 있는 공간에 늘 긴장감을 주는 것은 불편할 수도 있다. 특히, 홈스테이징은 구매 예정자가 언제 해당 매물을 보러올지 알 수가 없다. 그래서 늘 정리와 청소를 해 두어야 하는 불편함이 있다. 그러나 이러한 불편함도 잠시 시간이 지나면 깔끔하고 정돈된 실내공간으로 오히려 더 뿌듯해지는 경우가 많다. 이제부터 깔끔하게 정리하는 습관을 길러보자.

항상 깔끔하게 정리를 하는 것은 쉬운 일이 아니다. 그래서 일정한 규칙을 가지고 불편함의 기준을 정하고 정리한다. 예를 들어, 현관 입구는 손님을 맞이하는 공간이다. 그래서 매일 아침에 한 번씩 청소기를 돌려 먼지를 털어내고 물걸레로 닦는다. 그리고 현관에 벗어 둔 신발은 모두 신발장으로 넣는다. 밖으로 나가기 위해 신발이 필요하다면 신발장에서 그때 꺼내면 된다. 늘 이렇게 깨끗한 현관을 만들어 두면, 출입 시 늘 뿌듯하고 기분도 좋다.

그리고 화장실은 일주일에 1번씩 기준을 정하고 물걸레로 청소를 한다. 항상 마지막은 마른걸레로 닦는 것을 잊지 말자. 또한, 베란다나 현관에 분리수거함을 둔다면 매일 한 번씩 분리수거함을 비워야 한다. 쓰레기도 모으는 것이 아니라 모두 버리고 비워야 한다.

(2) 채우는 것을 멈춰라

대부분의 사람들은 진열장이나 수납장 안에 신발, 장식 소품,

책 등 들어갈 수 있는 것은 모조리 다 넣어버린다. 그러면 밖은 깨끗하다고 생각한다. 그러나 이후에 생기는 물건들은 더 이상 수납장 안에 들어가지 못해 또 밖에서 방치되는 경우가 많다. 이제부터 홈스테이징을 한다면, 비우고 버리고 난 자리에는 더 이상 채우지 않는다는 걸 명심해야 한다. 수납장이나 냉장고 안이나 모두 빈 곳만 있으면 다 채우려는 습관을 이제부터 20% 정도는 비운다고 생각해야 한다.

홈스테이징에서는 공간에 여백이 없으면 답답해 보이고 공간의 매력적인 모습을 보여 줄 수 없다. 즉, 공간에 매력이 없어진다. 심플하고 깔끔하다는 것은 뭔가 일부가 비워진 여백이 함께 눈에 들어올 때 느껴지는 이미지이다. 그러니 반드시 20%는 비운다고 생각하고 필요 없는 것은 버려야 한다.

버리는 것이 어렵다면 지역 자선단체나 재활용센터에 헐값에 팔아서라도 공간의 일부를 비워야 한다. 공간에 여유가 생길 때 더 아름답다. 구매 예정자가 해당 매물을 보러 왔을 때 여유가 생기고 더 공간에 대한 매력 포인트를 발견할 수 있게 만든다.

(3) 기준과 질서를 정하라

홈스테이징에서 제일 중요한 것은 고객이 해당 매물을 보러왔을 때 최대한 혼란을 줄이는 것이다. 이를 위해 일주일의 스케줄에서 청소하는 날짜를 정해두어 일정한 기준과 질서를 정한다. 즉, 자주 닦고 교체해야 하는 것과 가끔 청소하는 것 등 나름의 기준을 정한다.

  예를 들어, 화장실의 경우 판매자가 이용하는 곳이기에 물때가 자주 생기거나 오염이 쉽게 발생한다. 그래서 이런 경우, 매주 1회 청소날짜를 정해서 깨끗하게 해둔다. 또한, 공간의 분위기를 연출하기 위해 조화가 아닌 생화나 식물을 이용한 경우. 생화는 2~3일에 한 번씩 물을 교체하지 않으면 물이 썩고 냄새가 많이 난다. 자주 확인하고 물을 갈아주어야 한다. 그리고 거실은 일상생활을 보여주는 것이 아니기에 입었던 옷가지나 널브러진 옷들은 옷걸이에 걸어 옷장 안에 넣어둔다. 이러한 일들은 굉장히 사소한 것이지만 이러한 사소한 일들이 쌓여 집안을 깔끔하고 깨끗한 인상을 만들어 준다.

3장

6개월 만에 30% 업된 부동산으로 만드는 법

홈스테이징으로
부동산 상품을 매각하는 법

 당신이 지금 부동산을 팔아야 할 시점이라면, 관련된 시간과 비용에 비해 스테이징은 수익성을 좀 더 올려 줄 수 있는 방법이 될 것이다.
 잠재적인 구매자에게 가능한 한 가장 높은 가격을 지불하도록 호소력 있게 하려면 부동산 매물에는 어떤 준비를 해야 할까?

 다음의 그림처럼 그것은 해당 매물에 거주자가 있는지 또는 부동산의 입지는 어떤지 분석을 한다. 그리고 해당 매물을 정리와 청소, 수리를 하고, 어느 정도 공간이 정돈되면, 상품으로서의 분위기를 만들기 위해 연출하고 매각하는 7가지의 단계를 준비한다.

부동산 매각을 위한 홈스테이징의 흐름도

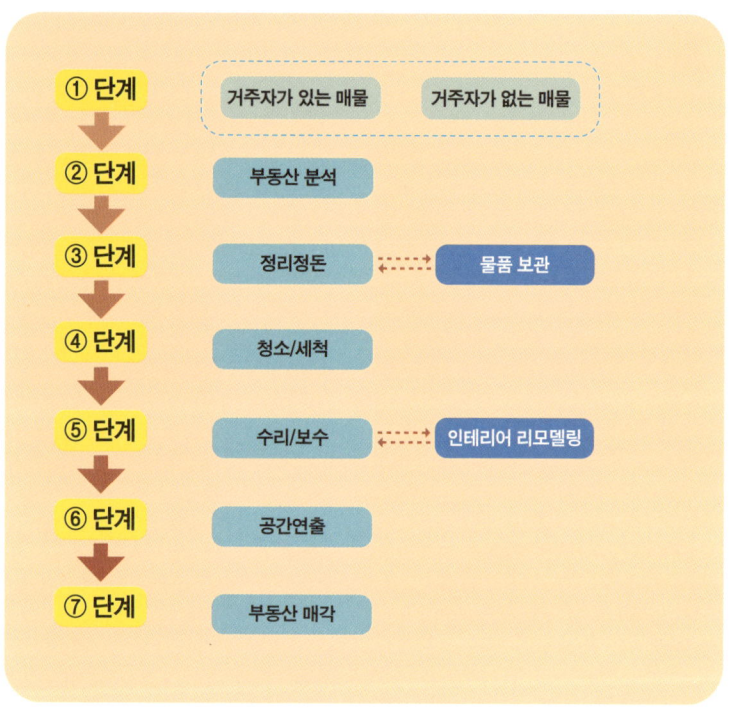

(1) 홈에서 하우스로 가는 흐름 7단계

홈스테이징은 그 첫 번째 단계로 거주자가 있는 매물인지 거주자가 없는 매물인지를 구분하는 것에서 시작한다. 거주자가 있는 경우, 이 매물을 어떻게 하면 상품화시킬 것인지에 대한 마인드 셋(mindset, 사고방식)이 중요하다. 또한 거주자가 없다면, 왜 없는지 얼마나 비어 있는지 확인하는 것이 중요하다.

두 번째는 부동산의 분석단계로 내놓는 매물이 어떤 지역에 있는가에 따라 주변 입지나 인프라부터 구매할 예정자까지 분석한다. 경우에 따라, 권리분석전문가 등의 도움을 받아 상세한 분석이 이루어지기도 한다.

세 번째는 정리정돈 단계로 내놓는 매물이 상품으로 보일 수 있도록 너저분하고 불필요한 것들을 치워나간다.

네 번째는 청소세척 단계로 정리를 하고 말끔하게 청소를 한다. 보통 인테리어의 경우, 공사가 끝나고 맨 마지막의 일정으로 입주 청소를 하지만 홈스테이징의 경우, 청소부터 시작한다. 청소만 잘해도 상품성이 있어 보인다.

다섯 번째는 수리보수단계로 떨어져 있는 문고리나 비어 있는 전등의 전구, 깨진 유리 등 간단히 수리할 수 있는 곳은 한다. 또한 상황에 따라 세면대나 변기, 주방 싱크대 주변의 일부가 깨지거나 무너진 경우라면, 상품으로서 현저히 떨어져 판매 기간이 길어지거나 원하는 가격보다 낮게 팔릴 수 있어 일부 보수를 한다.

여섯 번째는 매물을 상품으로 스타일링하는 단계로 비주얼 머천다이징의 효과를 가장 크게 드러낸다. 불필요한 공간이나 죽어있는 공간을 찾아 공간의 동선을 바꾸고, 가구를 재배치한다. 여기에 인테리어 소품으로 포컬 포인트를 만들어 연출한다.

일곱 번째는 부동산 매각단계로 상품으로서 해당 매물이 잘 팔리도록 사진 구도와 각도를 맞추어 촬영한다. 이후 부동산 광고시장에 올린 사진은 텅 빈 공간으로 올린 매물사진보다 훨씬 고객의 눈에 띄기 쉽고, 고객에게 구매 이후의 생활을 상상할 수 있게 해

준다.

이러한 흐름을 거쳐 부동산 매각을 진행하면, 내놓는 매물은 부동산 중개인이 집을 준비한 것에 대해 구매 예정자에게 설명하기도 쉽고, 부동산 광고시장에서도 눈에 잘 띄어 쉽게 판매가 이루어진다.

매수인과 임차인을 포함한 구매 예정자의 대부분은 매물을 보러 갔을 때 해당 매물의 상품적 가치나 잠재력을 빠른 시간 안에 파악하는 것이 어렵다. 이때 홈스테이징은 구매 예정자에게 도움을 줄 수 있고, 구매 예정자가 미래의 이상적인 집에 대해 상상할 수 있게 해준다.

(2) 부동산, 상품으로 만드는 스테이징 3단계

위의 '홈에서 하우스로 가는 흐름 7단계'는 부동산을 상품으로서 만들기 위해 크게 3개의 작업으로 그룹핑할 수 있다.

첫 번째 단계는 상품·고객·시간을 중심으로 하여 콘텐츠를 개발하는 기획단계이다. 두 번째 단계는 본격적인 부동산 상품으로서 주변 도로, 인프라 등을 살펴보는 입지분석단계이다. 세 번째 단계는 어떤 구매 예정자를 고객으로 할지 부동산 마케팅을 통해 타깃을 설정하고 부동산 상품으로 만들어 가는 스타일 메이킹 단계(정리·청소·수리·공간연출)이다. 이러한 구체적인 내용은 뒤에서 설명하도록 하겠다.

부동산 매각을 위한 3단계

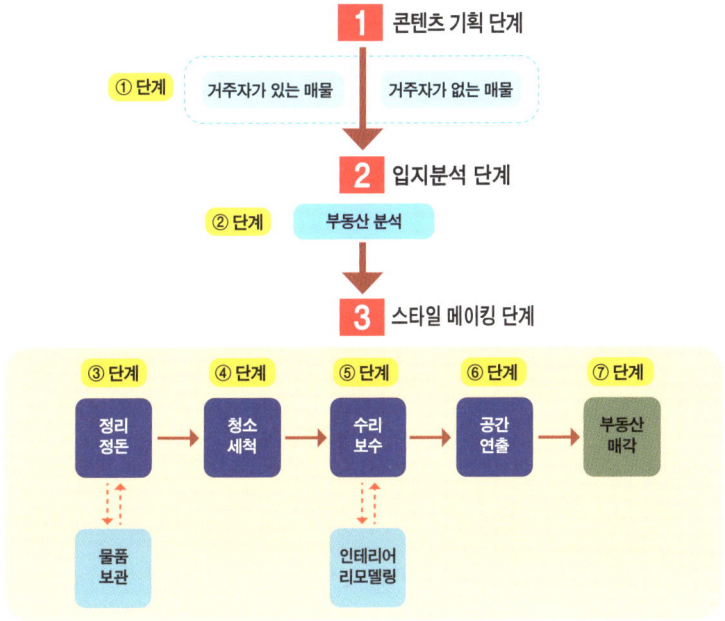

홈스테이징 콘텐츠 기획
(상품, 고객, 시간의 발굴)

홈스테이징을 하는 것은 어디서부터 어떻게 시작해야 할까? 여기서는 집(Home)이 곧 콘텐츠다. 그래서 홈스테이징의 콘텐츠 기획단계에서는 '콘텐츠를 만드는 것(Contents Making)'으로 프로젝트의 윤곽을 그려 나간다. 현재 부동산 매물의 문제점을 먼저 보고, 어떤 방법이 필요한지 구체적으로 무엇을 하면 빠르고 비싸게 매각을 성공적으로 이끌 수 있을지를 예측해야 한다.

홈스테이징의 콘텐츠 기획단계는 세부적으로 4가지 방법으로 접근한다. 먼저, 상품(주택)의 상황을 판단한다. 그리고 고객(구매자)의 입장에서 우선 생각하고, 그 다음 판매자의 입장에서는 팔리는 데 어느 정도의 시간(판매시간)을 고려하는지 파악한다. 이러한 상품·고객·시간에 대한 것이 고려되면 다음으로 콘텐츠를 기획한다.

(1) 상품(주택)의 상황을 판단하라

아래의 표과 같이 판매자가 거주 중인 상태에서 매각하는 재택매물과 판매자가 살지 않는 공실매물에 따라 접근방법이 달라진다. 재택매물의 경우에는 거주자가 살고 있는 것뿐만 아니라, 공간의 분위기를 드러내는 스탠드 램프나 플로어 램프도 있고, 햇빛을 가려주는 커튼도 있다. 물론 공간에서 큰 부피를 차지하고 이미지를 드러내는 소파나 식탁, 액자나 쿠션 같은 작은 소품들도 있다. 무엇을 드러내야 할지 주변 상황을 보면서 판단한다. 그러나 공실매물의 경우, 거주자뿐만 아니라 분위를 바꿔주는 조명이나 커튼, 가구, 소품들이 전혀 없다. 여기서는 어떤 것을 넣을지 판단해야 한다. 그래서 재택매물과 공실매물은 그 접근하는 방법이 달라질 수밖에 없다.

재택과 공실의 차이

	재택	공실
거주자	○	×
조명(스탠드램프, 플로어램프)	○	×
커튼	○	×
가구(소파, 식탁 등)	○	×
소품(액자, 쿠션, 꽃 등)	○	×

또한 다음의 표와 같이 거주자가 있는 매물의 경우에는 판매자의 개성이나 생활감을 없애고, 많은 사람이 좋은 인상을 느낄 수

있는 심플한 공간을 어떻게 연출할지가 포인트가 된다. 한편, 거주자가 없는 공실매물에는 가구나 조명, 커튼 등의 물건이 전혀 없다. 아래의 표처럼 아무것도 놓여 있지 않은 공실에서는 구매자가 실제 생활을 상상하기 어려워 마이너스 인상을 줄 수도 있다. 이런 경우, 가구·조명·엘리먼트(element, 쿠션, 액자, 양초, 식물, 꽃) 등으로 어떻게 공간을 연출하여 매물 본래의 가치를 구매자에게 어필할지 고민해야 한다.

재택과 공실의 상품 연출 차이

	재택	공실
액센트 컬러의 강약	적게(눌러줌)	강하게(계절감)
엘리먼트의 양	적당히 줄임	적절한 생활감을 표현

(2) 고객(구매자)의 입장에서 생각하라.

재택매물의 경우에는 가능한 한 짐을 줄이고 판매자의 생활 느낌을 갖지 않도록 공간을 꾸며야 한다. 대부분 오랫동안 그곳에 거주한 판매자는 무엇이 구매자에게 마이너스 이미지를 주는지 깨닫지 못한다. 특히 정리가 되어 있지 않은 집은 구매자가 좋아하지 않지만 판매자는 그것을 인지하지 못하는 경우가 있다. 재택매물의 경우, 판매자가 처음으로 해야 할 일은 판매자를 위한 곳이 아니라 구매자를 위한 곳임을 깨닫고 인지해야 하는 것이다.

(3) 시간(판매시간)을 고려하라

판매자는 원하는 금액으로 팔릴 때까지 기다릴 것인지 또는 원하는 금액보다 조금 적지만 판매를 위한 시간을 단축할 것인지를 판단해야 한다. 만약 판매자가 재택하는 경우로서 원하는 금액이 될 때까지 구매자를 기다리겠다면 어느 정도 매각 기간이 길어질 수도 있다. 이런 경우, 일부의 짐을 현재 거주하고 있는 곳의 다용도실이나 베란다 등 눈에 잘 띄지 않는 곳에 보관해 두면 좋겠지만, 넣어 둘 여유 공간이 부족하다면 일정 기간 공간을 렌트해 주는 짐 보관소를 알아봐야 한다.

아래의 사진처럼 요즘에는 보관해야 할 짐의 부피나 기간에 따라 자유롭게 24시간 이용할 수 있는 서비스가 많이 있다. 내가 영국의 홈스테이징을 배울 때 좀 신기했던 것은 작은 택배 박스 크기의 물품 보관부터 10평 크기의 방 하나 정도 되는 창고가 있어 웬만한 침대, 냉장고 등 다 넣을 수 있는 이케아 물류센터 크기의 스토리지 서비스 업체를 보고 깜짝 놀랐던 기억이 있다. 최근 한국에도 스토리지 서비스업체가 많이 늘어나고 있어 쉽게 이용이 가능해졌다. 이렇게 어느 정도 가구나 소품들을 밖으로 빼내고 나면 공간의 여유가 생긴다. 그리고 공간의 콘셉트를 잡기 위해 아이디어 회의를 한다. 가구 배치를 조금만 바꿔도 구매자에게 좋은 인상이 줄 수 있다.

스토리지 서비스 업체 (업체명: 편안창고)

(4) 콘텐츠 기획의 작업순서

콘텐츠를 기획하는 것은 현재 상황의 파악과 분석, 아이디어 이미지 추출, 아이디어 이미지 검토, 콘텐츠 책정으로 이루어진다. 이러한 4가지는 연속적, 동시다발적으로 이루어져 상황을 파악하면서 머릿속에 아이디어 이미지가 추출되고 콘텐츠가 책정되는 것이다.

❶ 현재 상황의 파악과 분석

이 단계는 콘셉트의 방향성을 정하기 위해 소재를 모으기 위한 작업을 한다. 먼저 해당 매물에서 구매 예정자의 눈으로 예리하게 현장 사진을 찍어본다. 사진을 찍어보면, 내 눈으로 보는 것과 달리 현재의 문제점을 더 잘 확인할 수 있다. 이 경우 대문 밖으로 나가 첫인상을 주는 진입로부터 촬영하고 실내로 들어온다. 현관, 복도, 거실, 부엌, 욕실, 침실 순으로 마치 처음 이곳을 방문하는 구매 예정자의 시선으로 촬영해보면 더 객관적으로 볼 수 있다. 현관에서 가까운 곳부터 먼 곳으로 점점 사진을 활용하고 현재의 상태를 파악하고 분석해 본다.

아래의 사진은 전철역에서 5분 정도 거리에 있는 지하 1층, 지상 2층 규모의 단독주택이다. 임대를 내놨지만, 오랫동안 나가지

않았다. 이 매물은 왜 고객들에게 어필이 되지 않았을까? 해당 매

물로 들어가는 진입로부터 대문, 마당, 실내의 각 공간을 사진 촬영하고 현재 상황을 분석해 본다. 여러분이 고객이라면 이 집의 매력적인 요소들을 발견할 수 있을까?

　이 단독주택은 외부 담장이 높고, 집 밖으로 떨어지는 커다란 나무로 집안을 전혀 알 수가 없다. 대문을 열고 처음 접하게 되는 정원은 가꾼 지 오래된 나무들로 너저분하다. 또한 담장은 대문에서 계단을 이용하여 올라오면 바로 보이는 벽으로 곰팡이와 이끼로 가득하다. 과연 고객이 이 집을 처음 방문했을 때 어떤 이미지를 느꼈을까? 이 매물은 오랫동안 저런 상태로 임대가 전혀 되지 않았다.

❷ 체크리스트 만들기

　이 단계는 발상을 넓혀가는 단계이다. 무엇이 중요한지, 무엇이 이 공간에서 빠져야 할지 취사 선택, 우선순위, 평가 기준을 정하고 필요한 것을 선택해 나간다. 이런 경우 아래의 표와 같이 체크리스트를 만들어 적어두면 좋다. 예를 들어, 당장 버려야 할 것, 일시 보관해야 할 것, 주변에 줄 수 있는 것 등 체크해 가면 현재의 상태를 파악하고 점점 발상의 단계를 넓혀나갈 수 있다.

4가지 분별법

장소	당장 버릴 것	일시보관해야 할 것	주변에 줄 수 있는 것	팔 것
현관				
거실				

주방				
욕실				
침실1				
침실2				
베란다				

해당 매물에서 재택거주자가 있는 경우, 현재 물건을 어디론가 잠시 보관해 두려 할 때 '왜 그렇지?'라고 한 번 더 의심해봐야 한다. 이때 버릴 수 있는 것은 과감히 버린다. 때로는 중고마트(당근마켓이나 중고나라 등)를 활용하여 일부 수입을 창출할 수 있도록 저렴하게 파는 것도 하나의 방법이다. 버리지 못하는 것도 병이다. 판매자는 스스로 버리지 못하고 집 어딘가에 저장해두려는 습성이 있지 않은지 한 번 더 의심해 볼 필요가 있다.

❸ 아이디어의 이미지 추출

어느 정도 버릴 것과 주변에 줄 것 등 해당 매물에서 제거되어야 할 것이 정리가 되면, 이를 통해 아이디어를 위한 이미지 추출을 한다. 이미지 추출은 구글이나 핀터레스트, 인스타그램 등에서 해당 매물을 상품으로서 가치를 올릴 수 있는 콘셉트에 어울릴만한 이미지를 찾는 것이다. 아래의 사진은 현장분석에서 떠오른 아이디어를 참고하기 위해 외부담장과 마당에 대한 페인트칠 등 머릿속에 떠오르는 아이디어를 찾아 이미지 검색해서 추출한 것이다. 이미지를 추출하는 방법은 먼저 구글에서 관련 스타일의 명사나 형용사 키워드를 영어로 검색하여 '이미지' 찾기를 한다.

앞마당에 대한 이미지 추출 (출처: https://www.decorpad.com)

❹ **아이디어의 이미지 검토**

이 단계는 앞의 발상을 넓혀가는 단계에 대해 한번 의심해 보는 단계이다. 머릿속에서 '왜 그렇지?'라고 생각하는 습관이 중요하다. 그리고 때에 따라 콘텐츠의 깊이를 더하기 위해 앞뒤가 맞지 않는 것은 버리는 것도 중요하다.

현장에서 해당 매물의 현재 상황을 파악하면서, 버릴 것과 보관해야 될 것 등에 대한 주변 짐 정리가 되면, 이미지 추출과 함께 그에 대한 솔루션으로서 어느 정도 머릿속에 떠오른 이미지를 스케치해본다. 이러한 이미지 검토에서는 간단한 페인팅에서 인테리어 개보수까지 어디까지 진행할 것인지 고민하고 판단한다.

앞마당에 대한 이미지 스케치

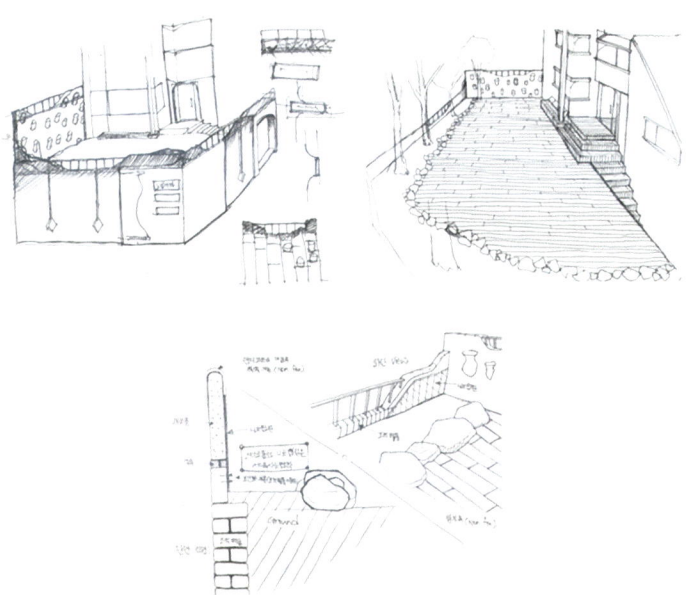

❺ 콘텐츠 책정

현재 해당 매물의 상태에 대해 버릴 것, 보관해 둘 것, 정리할 것 등 상품으로서 해당 매물을 어떻게 판매할 것인지 집에 대한 콘텐츠가 확정되면, 부동산 분석을 위한 다음 단계로 가기 전에 부동산 시장 안에서 어떤 수요에 대응할 것인지, 어떻게 부동산 시장에 접근할 것인지도 정해야 한다.

부동산 분석을 통해 인근 부동산 중개소에만 해당 매물을 알릴 것인지 또는 직방, 다방 등과 같이 직거래를 통해 부동산 광고시장에 올릴 것이 판단해야 한다. '누구에게, 무엇을, 어떻게'라는 콘셉트에 맞추어 다음 단계로 넘어간다.

대상, 규모에 따라 각각 필요한 단계도 다르고 기간도 다르고 업무도 다르기 때문에 이 단계에서 해당 매물의 부동산 상품으로서 콘텐츠를 책정할 때 적어도 누구에게, 무엇을, 어떻게 보여줄지 미리 고민하고 정하는 것이 좋다. 예를 들어, 위의 단독주택은 개인의 프라이버시가 중요하다. 그러나 주변은 중심상업지역이라 해당 매물을 프라이버시가 중요한 주거용으로 콘텐츠를 만들기에 부적합하다. 이런 경우, 네이버나 밸류맵(토지, 건물 정보 플랫폼)에서 제공하는 지적도나 토지이용계획을 통해 다른 용도로 활용할 수 있는 것을 찾아보고 콘텐츠를 책정한다.

공실의 규모가 큰 빌딩이나 상가, 아파트 등의 경우 어느 정도 대상과 방법을 정해두면, 부동산 분석을 할 때 만나야 할 전문가 집단도 달라진다. 단순히 주변의 동네 부동산 중개소만 들러서 부동산 물건분석을 하는 것이라면 비용이나 시간이 덜 들 수 있다. 그러나 경매전문가, 법무사, 변호사 등 해당 물건에 대해 풀어야 할 요소들이 많아지면 전문가를 만날 때 비용이 발생한다는 것을 명심해야 한다.

임장활동을 통한 입지분석

 매물을 내놓기로 마음먹으면 빨리 파는 것도 있지만 더 큰 목적은 비싸게 파는 것이다. 이때 부동산에 대한 법이나 입지분석 정도는 알아야 한다. 잠을 자고, 일하고, 휴식을 취하는 등 우리의 일상생활은 땅이라는 공간상에서 자리 잡고 있다. 땅은 위치상으로 장소가 되고, 주변 생활환경과의 관계에서 입지(立地, location)가 된다. 입지는 위치상의 장소(place)와 추상적 공간(space)의 절충적 개념이지만, 쉽게 말해서 하나의 목표장소로 접근하기 위한 '공간적 접근 편의성'으로 이해되고 있다.

 부동산 매매나 임대차 시 특히 입지분석은 중요하다. 그 이유는 입지가 현대생활에서 해당 부동산을 이용하는 최종 고객의 움직임 또는 이동 가능성의 범위를 내포하기 때문이다. 예를 들어, 세입자의 경우, 교통이 편리한 역세권이나 편의품을 판매하는 편의점 등의 접근성을 선호한다. 반면, 어린 자녀를 둔 3~4인 가족은 학원이나 학교 등 학업에 집중할 수 있는 곳을 선호한다. 또한, 노년층에서는 종합병원이 있거나 마트가 근거리에 있는 것을 선호한다. 이처럼 내놓는 매물에 어떤 구매 예정자가 올지 예측하는 것은 주변의 입지를 분석하는 것에서 시작된다.

이제부터 좀 더 비싼 가격으로 팔기 위해 매물을 내놓는 경우라면, 다음 표와 같이 구매 예정자의 입장에서 입지분석을 한다. 입지분석은 해당 매물이 어떤 지역에 있는가에 따라 그 분석은 달라질 수 있지만, 일반적으로 지역 및 도시분석, 근린분석, 부지분석, 수요분석, 공급분석으로 한다.

시장분석에 고려해야 할 요인들

범주	고려요인
지역 및 도시분석	지역 및 도시의 경제활동, 인구 및 소득수준, 지역 및 도시의 성장과 개발유형, 교통망, 경제기반분석
근린분석	근린지역의 경제활동, 근린지역에서 개발사업의 현재와 미래의 경쟁력, 인구적 특성, 교통 흐름
부지분석	용도지역제, 건축규제, 전기·가스·상하수도 등 편의시설, 부지의 크기와 지형적 조건, 접근성
수요분석	경제, 인구, 추세분석
공급분석	공실률 및 임대료 수준

지금부터 하나의 매물에 대해 심층적으로 분석한다. 여러분도 이 과정을 따라 원하는 매물에 대해 분석해보면 도움이 될 것이다.

아래의 사례는 서울시 강남구 역삼동에 위치한 한 매물의 입지분석에 대한 예시들을 다루었다.

❶ 지역 및 도시분석, 거시적 관점으로 봐라.

지역 및 도시분석은 그 지역의 경제활동, 인구 및 소득수준, 지역의 성장 및 개발유형, 교통망 등을 다룬다. 아래 그림은 2020년 정부의 주요 부동산 대책에 따른 서울 인구의 이동 추이를 나타낸 것이다. 좌측 세로축의 0을 기준으로 마이너스(-) 값은 서울에서 밖으로 유출된 인구가 증가한 것을 의미하고, 플러스(+) 값은 서울로 유입된 인구를 의미한다. 그래프를 종합적으로 정리해보면, 정부가 새로운 대책을 내놓을 때마다 점점 사람들은 서울에서 변두리로 쫓겨나가듯 빠져나간 것을 알 수 있다.

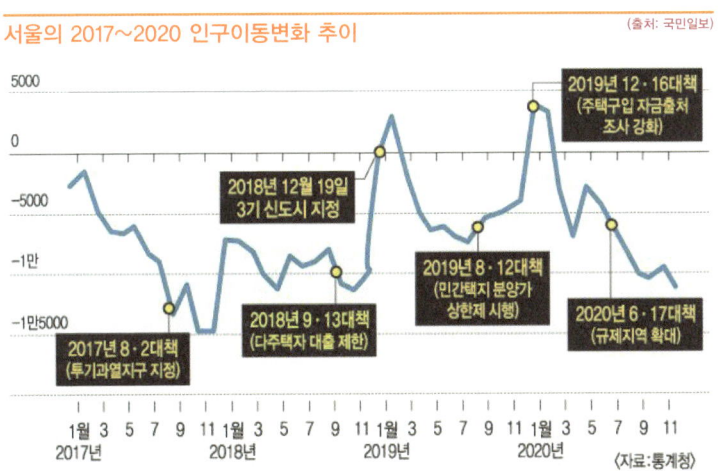

서울의 2017~2020 인구이동변화 추이 (출처: 국민일보)

서울에서 외부로 이동한 인구의 추이는 대부분 경기도였다. 아래 그림은 경기도의 어느 도시로 인구이동이 많은지를 파악한 것이다. 서울에서 외부로 유출된 사람들은 서울보다 상대적으로 저렴한 경기도의 김포시, 하남시, 고양시로 이동한 것을 알 수 있다. 이처럼 서울 지역을 분석하더라도 지역분석은 그 인접 지역인 경기도까지 연계하여 큰 맥락에서 현재 모습을 파악한다. 홈스테이징에서도 지역분석에 있어 거시적 관점에서 흐름을 파악하는 것이 중요하다.

2020년 서울시→경기도 인구이동 (출처: 국민일보)

❷ 근린분석, 인접 지역의 흐름을 파악한다.

근린(近隣)은 '가까운 근(近)', '이웃 린(隣)'이 합성된 단어다. 근린분석은 해당 부지를 중심으로 그 인접 지역의 현황과 변화를 분석하여 인접 지역과의 상호 관계를 파악하는 기법이다. 근린분석

(neighborhood analysis)은 인근 지역의 경제활동, 인구적 특성, 교통 흐름 등을 파악한다.

　서울시 강남구 역삼동에 위치한 한 매물의 입지분석에 대한 예시를 다루었다. 다음 그림은 해당 매물의 근린분석을 위해 토지이용규제정보서비스 '토지이음(http://www.eum.go.kr)'에서 토지이용계획 및 도시계획을 확인한 것이다. 여기서는 해당매물의 주변 행위가능 여부, 건폐율·용적률, 층수·높이제한, 건축선, 도로조건을 확인한다. 이러한 근린분석은 구매 예정자가 해당 매물을 보러 왔을 때 구매 이후를 상상하는데 도움을 줄 수 있고, 단점을 장점으로 만들 수 있는 강력한 세일즈 툴이 될 수 있다.

근린분석의 도시계획　　　　　　　　　　　(참고: 토지이음)

역삼동의 해당 매물은 제1종 전용주거지역과 제1종 일반주거지역이 혼재되어 있다. 이때 제일 먼저 봐야 할 것이 건축물에 대한 행위가능여부이다. 건축물에 대한 행위가능 여부는 주변의 지역에 연계하여 소음이나 공해 등 문제가 일어날 수 있는 것들을 사전에 차단하기 위해 행위를 금지하는 것이다. 이것은 이후 구매자가 이 매물을 어떤 것으로 용도변경을 하거나 리폼을 할 때 허가가 나지 않을 수 있어 잘 확인해야할 사항이다.

의외로 건축물에 대한 행위가능 여부를 제대로 확인하지 않아 인테리어를 다 하고도 철거하고 원상복구한 사례들이 많다. 물론 영업도 못하게 된 사례들이 많다. 판매자가 왜 이런 것도 봐야하나 하고 생각할 수도 있다. 판매자는 구매 예정자에게 해당 매물에 관한 관련 정보를 더 제공함으로서 더 매물을 사고 싶게 만드는 것이다. 그래서 궁극적으로 좀 더 비싸게 팔수 있도록 하는 것이다.

국가법령정보센터(https://www.law.go.kr)에 들어가면 토지이용계획의 범위와 건축물에 대해 상세히 제시되어 있다. 다음 내용은 국토의 계획 및 이용에 관한 법률 시행령 별표2「제1종 전용주거지역 안에서 건축할 수 있는 건축물」중에서 서울특별시 도시계획조례가 정하는 바에 의해 건축할 수 있는 건축물을 제시한 것이다.

[참조 1] 국가법령정보센터 (https://www.law.go.kr)

서울특별시 도시계획 조례[시행 2025. 5. 19.] [서울특별시 조례 제9644호, 2025. 5. 19., 일부개정

제25조(제1종전용주거지역안에서 건축할 수 있는 건축물) 제1종 전용주거지역안에서는 영 별표 2 제1호의 각 목의 건축물과 영 별표 2 제2호에 따라 다음 각 호의 건축물을 건축할 수 있다. 〈개정 2006. 11. 20., 2008. 7. 30., 2010. 1. 7., 2017. 3. 23., 2019. 12. 31. 2020. 12. 31.〉

---

1. 「건축법시행령」 별표 1 제1호의 단독주택중 다가구주택
2. 「건축법 시행령」 별표 1 제2호의 공동주택중 다세대주택으로서 19세대 이하인 것(허가권자가 해당 도시계획위원회의 심의를 거치는 것에 한정한다)
3. 「건축법 시행령」 별표 1 제3호의 제1종근린생활시설중 변전소·양수장·정수장·대피소·공중화장실 그 밖에 이와 유사한 것으로서 해당 용도에 쓰이는 바닥면적의 합계가 1천제곱미터 미만인 것
4. 「건축법 시행령」 별표 1 제4호의 제2종근린생활시설중 종교집회장(타종시설 및 옥외확성장치가 없는 것에 한한다)
5. 「건축법 시행령」 별표 1 제5호의 문화 및 집회시설중 전

시장(박물관·미술관·기념관)으로서 해당 용도에 쓰이는 바닥면적의 합계가 1천제곱미터 미만인 것에 한한다.

6. 「건축법 시행령」 별표 1 제6호의 종교시설중 종교집회장(제2종 근린생활시설에 해당하지 아니하는 것으로서 타종시설 및 옥외확성장치가 없는 것에 한한다)으로서 해당 용도에 쓰이는 바닥면적의 합계가 1천제곱미터 미만인 것에 한한다.

7. 「건축법 시행령」 별표 1 제10호의 교육연구시설 중 유치원초등학교

8. 「건축법 시행령」 별표 1 제11호의 노유자시설중 다음 각 목의 건축물

   가. 아동관련시설

   나. 노인복지시설(「주택법 시행령」 제4조제3호에 따른 노인복지주택은 제외한다)

9. 「건축법 시행령」 별표 1 제20호의 자동차관련시설중 주차장(너비 12미터 이상인 도로에 접한 대지에 건축하는 것에 한한다)

다음은 제1종 일반주거지역과 제1종 전용주거지역의 행위가능 여부를 비교한 것이다. 현재 관심 있는 해당매물이 있다면, 어떤 지역에 있는지 확인하고 건축물의 사용행위가 가능한지 확인해 봐라. 일반적으로 제1종 전용주거지역이 제1종 일반주거지역보다 규제가 강하다. 그래서 행위제한이 많다. 건물로 보면 사용가치가 없어 고객에게 매력적인 모습을 보여주는데 한계가 있다. 홈스테이징에서는 이런 한계를 극복할 수 있는 매력적인 제안을 한다.

해당 매물의 행위 가능 여부

(참고: 토지이음)

건축법 별표에 따른 시설물		해당 필지에 지정된 『국토의 계획 및 이용에 관한 법률』에 따른 지역·지구	
대분류	시설물	제1종 일반주거지역	제1종 전용주거지역
단독주택	단독주택	○	○
	다중주택	○	○
	다가구주택	○	○
공동주택	아파트	×	×
	연립주택	○	×
	다세대주택	○	△
	기숙사	○	×
제1종 근린생활시설	일용품 판매소매점	○	△
	휴게음식점	○	△
	제과점	○	△
	이용원	○	△
	미용원	○	△
	목욕장	○	△
	세탁소	○	△
	접골원	○	△
	침술원	○	△
	한의원	○	△

제1종 근린생활시설	치과의원	O	△
	의원	O	△
	조산원	O	△
	산후조리원	O	△
	안마원	O	△
	체육도장	O	△
	탁구장	O	△
	자구대	O	△
	건강보험공단사무소	O	△
	우체국	O	△
	방송국	O	△
	공공도서관	O	△
	보건소	O	△
	파출소	O	△
	지역자치센터	O	△
	소방서	O	△
	지역아동센터	O	×
	대피소	O	△
	마을공동구판장	O	△
	마을공동작업소	O	△
	마을회관	O	△
	공중화장실	O	△
	통신용 시설	O	×
	양수장	O	△
	정수장	O	△
	도시가스배관시설	O	×
	변전소	O	△
	결혼상담소	O	×
	부동산중개사무소	O	×
	사무소	O	×
	금융업소	O	×
	출판사	O	×
제2종 근린생활시설	비디오감상실	×	×
	서커스장	×	×
	음악당	×	×
	연예장	×	×
	영화관	×	×
	극장	×	×

해당매물의 행위가능여부 (참고: 토지이음)

건축법 별표에 따른 시설물		해당 필지에 지정된 『국토의 계획 및 이용에 관한 법률』에 따른 지역·지구	
대분류	시설물	제1종 일반주거지역	제1종 전용주거지역
제2종 근린생활시설	비디오물소극장	×	×
	제실	△	△
	교회	△	△
	성당	△	△
	사찰	△	△
	수도원	△	△
	기도원	△	△
	수녀원	△	△
	사당	△	△
	자동차영업소	×	×
	서점	△	×
	총포판매소	×	×
	사진관	△	×
	표구점	△	×
	인터넷게임시설	×	×
	복합유통게임제공소	×	×
	청소년게임제공소	×	×
	제과점	△	×
	휴게음식점	△	×
	일반음식점	△	×
	동물미용실	△	×
	동물병원	△	×
	장의사	△	×

	직업훈련소	△	×
	교습소	△	×
	학원	△	×
	기원	△	×
	독서실	△	×
	체력단련장	△	×
	테니스장	△	×
제2종 근린생활시설	에어로빅장	△	×
	볼링장	△	×
	당구장	△	×
	실내낚시터	△	×
	놀이형시설	△	×
	골프연습장	△	×
	금융업소	△	×
	사무소	△	×
	부동산중개사무소	△	×
제2종 근린생활시설	결혼상담소	△	×
	출판사	△	×
	다중생활시설	×	×
	수리점	×	×
	제조업소	×	×
	단란주점	×	×
	안마시술소	×	×
	노래연습장	×	×
문화 및 집회시설	음악당	×	×
	연예장	×	×
	영화관	×	×
	비디오감상실	×	×
	극장	×	×
	서커스장	×	×

해당매물의 행위가능여부

(참고 : 토지이음)

건축법 별표에 따른 시설물		해당 필지에 지정된 『국토의 계획 및 이용에 관한 법률』에 따른 지역·지구	
대분류	시설물	제1종 일반주거지역	제1종 전용주거지역
문화 및 집회시설	비디오소극장	×	×
	공회당	×	×
	회의장	×	×
	마권 장외 발매소	×	×
	마권 전화투표소	×	×
	예식장	×	×
	운동장	×	×
	체육관	×	×
	자동차경기장	×	×
	경륜장	×	×
	경정장	×	×
	미술관	△	△
	과학관	△	×
	문화관	△	×
	체험관	△	×
	기념관	△	△
	박물관	△	△
	박람회장	△	×
	산업전시장	△	×
	식물원	△	×
	수족관	△	×
	동물원	△	×

종교시설	성당	○	△
	사찰	○	△
	기도원	○	△
	수도원	○	△
	수녀원	○	△
	사당	○	△
	교회	○	△
	제실	○	△
	봉안당	○	△
숙박시설	일반숙박시설	×	×
	생활숙박시설	×	×
	수상관광호텔	×	×
	관광호텔	×	×
	한국전통호텔	×	×
	가족호텔	×	×
	호스텔	×	×
	소형호텔	×	×
	의료관광호텔	×	×
	류양콘도미디엄	×	×
	다중생활시설	×	×
노유자시설	어린이집	○	○
	아동복지시설	○	○
	노인복지시설	○	△
	사회복지시설	○	×
	근로복지시설	○	×

역삼동 해당 매물은 다음 페이지 지도에서 역삼역에서 거리로 344m, 도보 5분 거리에 있는 초역세권이다. 그리고 해당 매물 주변의 용도지역은 일반상업지역(핑크색), 제1종 전용주거지역(노란색), 제1종 일반 주거지역(노란색), 제2종 일반주거지역(주황색)이 있다.

용도지역 분석결과, 해당매물은 초역세권에 있어 교통이 편리하지만 단독주택으로서 주변에 소음과 프라이버시 확보가 잘 안되는 단점이 나온다. 이런 경우 단독주택을 다른 목적의 시설물로 이용할 수도 있다. 그러나 허가나 사용승인이 나지 않을 수도 있으니 위에 제시한 행위가능여부를 꼼꼼하게 살펴봐야 한다. 홈스테이징에서는 이러한 해당 매물의 근린분석을 통해 어떤 대상에게 이 상품을 어필할지 고려해야 한다.

역삼동 매물의 근린분석 (참고: 밸류맵)

❸ **부지분석, 대지와 도로의 관계성을 파악한다.**

부지(敷地)는 펼칠 부(敷), 땅 지(地)의 뜻으로 펼쳐놓은 땅을 말한다. 이는 건축물이나 도로로 쓰이는 땅을 의미한다. 부지분석(site analysis)은 건축규제, 지형적 조건, 접근성 등을 파악한다.

다음 그림은 역삼동 매물의 지적도이다. 이 매물은 3개의 도로로 둘러싸여 있다.

역삼동 부지분석 (대지와 도로의 관계성)

해당 매물을 처음 방문하는 구매 예정자에게 어떻게 보여줄지 골목길의 진입로부터 대문에 이르기까지 부지주변을 면밀히 살펴

본다. 이때 두 가지 정도 꼭 확인을 해야 한다.

첫째, 대지와 도로의 관계성을 파악한다. 이는 차량 및 고객의 접근성이 양호한지 확인하기 위한 것이다. 앞에서 근린분석은 현장 방문을 위한 사전검토로서 인터넷 사이트를 통해 주변과의 관계성을 본 것이다. 부지분석은 실제 밖으로 나가 관찰하면서 인터넷에서 발견하지 못한 사실들을 찾는 임장활동의 작업이다.

다음 사진은 역삼동 매물의 대지와 도로의 관계성을 파악하기 위해 부지분석을 한 것이다.

역삼동 부지분석 (대지와 도로의 관계)

사이트(site, 부지)를 동서남북 돌아보면서 도로의 폭을 알 수 있도록 사진을 찍어보고 고객의 입장에서 주 출입구의 모습도 찍어

둔다. 전면의 3개 도로는 차가 양방향으로 진입할 수 있어 충분한 거리확보가 되지만 북측 도로는 도로폭이 좁아 일방향으로만 진입할 수 있다. 해당 매물은 3개의 도로와 접하고 있고 부지 주변으로 사람들의 왕래가 많아 현장에서도 프라이버시가 확보가 어렵다는 것을 파악하게 된다.

둘째, 부지의 건폐율과 용적률을 확인한다. 아래의 표는 해당 지역·지구에 따른 건폐율과 용적률을 나타낸 것이다. 역삼동 매물은 제1종 전용주거지역의 건폐율 50%, 용적률 100%와 제1종 일반주거지역의 건폐율 60%, 용적률 150%의 적용을 받는다.

용도지역의 건폐율과 용적률

	건폐율	용적률
제1종 전용주거지역	50%	100%
제1종 일반주거지역	60%	150%

해당 매물의 권리관계는 등기부를 확인하지만, 건축물의 사실관계를 확인할 때는 건축물 대장을 확인된다. 건축물 대장은 정부24(https://www.gov.kr, 구 민원24)나 세움터(www.eais.go.kr, 건축행정시스템)에 들어가서 무료로 열람할 수 있다.

다음 표는 역삼동 매물의 건축물 대장이다. 건축물 대장을 열람할 때 좌측 상단의 건폐율과 용적률을 확인하고, 우측 상단의 층수를 확인한다. 그리고 좌측 하단의 건축물 현황에서 각 층별 용도와 바닥면적을 확인한다.

건축물 대장을 살 못보는 경우가 가끔 있다. 좌측 하단의 세로로 봐야 용도와 면적을 보는데, 가로로 봐서 건축물 현황과 소유자 현황를 같이 보는 경우가 있다. 예를 들어, 소유자 홍길동은 지하1층에만 사는 것으로 착각하는 사람이 있다. 좀 황당하지만 실제 이렇게 잘못 보는 사람들이 많다.

역삼동 부지의 건폐율과 용적률

역삼동의 매물은 대지면적 244.7m2, 건폐율 37.09%, 용적률 65.96%, 제1종 전용주거지역, 지하1층 지상2층의 규모를 가지고 있다. 해당 지역지구의 용도제한에서 건폐율 50%미만으로 12.91%와 용적률 34.04%를 추후 활용할 수 있다. 홈스테이징에서는 해당 부지가 가지고 있는 토지이용계획의 범위 내에서 어떻게 하면 매물의 가치를 올릴 수 있을지 제안할 수 있다.

건폐율과 용적률 계산

① 건폐율 = $\dfrac{건축면적}{대지면적}$ × 100　　② 용적률 = $\dfrac{연면적}{대지면적}$ × 100

*건축면적: 1층의 바닥면적　　* 용적률 계산을 위한 연면적: 지하층을 제외한 지상층 바닥면적합계

❹ 수요분석, 잠재적 구매 예정자를 찾아라.

수요분석에서는 해당 매물에 어떤 고객이 올지 가상의 구매 예정자에 맞추어 분석하기 위해 경제, 인구, 추세분석을 한다. 아래의 표와 같이 홈스테이징의 수요분석은 예상고객의 가족구성(인구 또는 주된 사용자), 연소득(경제), 인테리어 스타일(추세 및 트렌드) 등을 고려한다. 만약 역삼동의 해당 매물을 단독주택으로 시설물의 용도전환 없이 매물을 내놓는다면 어떤 가족구성과 연소득, 인테리어 스타일을 요구할지 고려해본다.

역삼동 부지의 예상 수요분석

범주	고려요인
가족구성	예) 중장년층 부부(2명) • 주변에 학원가나 학교가 없어 젊은 신혼부부는 적합하지 않을 것으로 예상됨 • 병원시설, 편의시설 등이 인접하여 시니어층 부부도 잠재고객으로 볼 수 있음
연소득	예) 평균 8천~1억 미만

인테리어스타일	예) 내추럴 스타일, 모던 스타일, 외부 마당을 활용하여 테라스 공간을 확보, 2개 층의 공간분리로 거실, 침실, 부엌, 욕실 이외에 서재, 드레스룸 등 다양한 알파공간을 마련할 수 있음 • 아파트 보다 단독주택의 전원생활을 도심에서 누리고 싶은 고객을 타깃으로 스타일 선정

지역 주변의 수요분석은 초보가 예측하는 것이 다소 어렵긴하다. 최근에는 빅테이터와 AI를 활용하여 부동산 수요를 예측하는 유료 사이트가 많이 늘고 있지만, 한번 이용하기에 많은 비용을 지불해야 하는 불편함이 있다.

그래서 필자는 해당 부동산에 대한 수요를 분석하기 위해 우회 방법으로 서울시나 소상공인진흥공단에서 무료로 제공하고 있는 상권분석서비스를 활용한다. 상권분석서비스를 활용하면 주변의 이용자 및 고객의 흐름을 파악할 수 있어 편리하다.

아래 그림은 서울시에서 운영하는 상권분석서비스(https://golmok.seoul.go.kr)이다. 해당 매물에 대한 위치를 선택하고, 상권정보인 주중, 주말, 10대~60대 중에서 연령대를 산택하고, 00~23까지 시간대별 유동인구를 정하면 색상별 분포현황을 알 수 있다. 다음 그림에서 빨간색 분포 지역은 오전11시 부터 오후 13시까지 유동 인구가 이 지역을 이용한 현황 대한 것을 알 수 있다. 해당 부지 주변으로 유동인구가 많은 것을 알 수 있다.

수요분석　　　　　　　　　　　　　　　　　　　　　　　　(11시~13시 유동인구)

또한 아래 그림은 해당매물 주변에 주거인구가 얼마나 되는지 알아보기 위해 같은 저녁 시간대인 21시~23시의 주거인구 분포현황을 분석한 것이다.

수요분석　　　　　　　　　　　　　　　　　　　　　　　　(21시~23시 주거인구)

그래프를 보면 낮 시간에 유동인구가 많았던것과 달리 퇴근 이후 그곳에 머물고 있는 주거인구가 거의 없다. 즉, 해당 매물은 주거용 보다 상업용으로 활용가치가 있다. 따라서 홈스테이징할 때 콘셉트 반영에 중요한 포인트를 찾은 것이다.

❺ 공급분석, 경쟁자를 찾아라.

다음 그래프는 구글트렌드(https://trends.google.co.kr)에서 최근 1~2년간 한국인의 집에 대한 관심도 추이를 나타낸 것이다. 그래프를 보면 한국인은 부동산 만큼 아파트, 집에 대한 관심이 뜨겁다. 마치 집은 곧 아파트라고 생각하는 것 처럼 집과 아파트에 대한 관심도 추이는 70%의 고점대에 머물고 있어 꾸준히 관심을 보이고 있다.

시간흐름에 따른 관심도 변화 (부동산-아파트-집-주택)

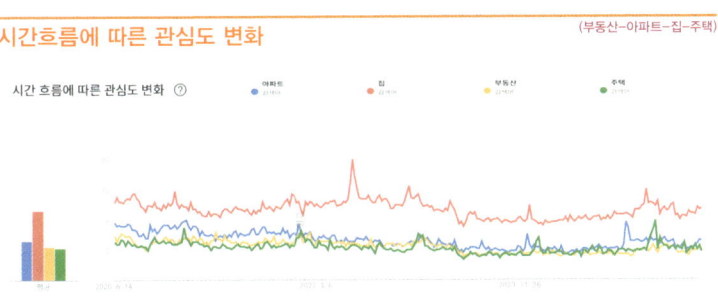

이처럼 한국인들 사이에서는 아파트를 가장 선호한다는 것을 알 수 있다. 그러나 아파트의 가격이 계속 오르는 등 여러 이유로 사람들은 그 대체재인 단독주택, 빌라, 주거용 오피스텔로 이사를

한다.

앞에서는 해당 매물에 대한 구매 예정자인 수요자를 찾았다. 그러나 수요자를 찾는 것도 중요하지만 주변에 얼마나 많은 경쟁자가 있는지 확인하는 것도 중요하다. 여기서는 두 가지 정도 고려해두자.

첫째, 해당 매물의 주변에 대체될 수 있는 공급적 측면을 고려한다. 예를 들어, 앞에서 다룬 역삼동 부지의 단독주택에 대한 대체재는 아파트와 주거용 오피스텔이다. 해당 매물 주변 반경 500m이내에는 단독형의 평균 30세대 미만 아파트가 공급되고 있지만 부족한 편이다. 또한 오피스텔도 일부 있으나 시설이 오래되어 대체재로서 공급이 미흡하다.

단독주택의 대체재 공급분석 (역삼동 주변 아파트)

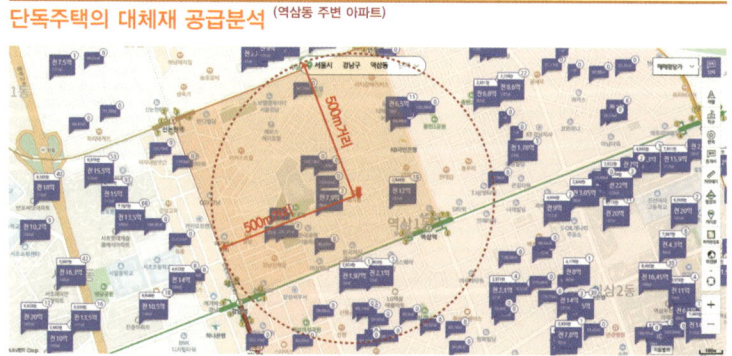

둘째, 해당 매물의 주변 공실률과 임대료 수준을 알아본다. 주변 지인 중 다세대 빌라 매물을 가지고 있고, 그 매물은 오랫동안 전월세가 꾸준히 나갔다고 한다. 그러나 최근 들어 전월세가 나가지 않는다고 하소연을 한 적이 있다. 지인의 경우, 전월세가 나가지 않아 일부 보증금과 월세를 낮추었지만 그것도 실패를 했다고 한다.

왜 그럴까? 주변을 살펴보니 주변에 오래된 단독주택들이 다세대 빌라로 신축하거나 다세대 빌라가 주거형 오피스텔로 신축하는 경우가 증가하였다. 그리고 주변의 빌라와 오피스텔은 모두 임차가 다 됐다고 한다. 해당 매물의 주변은 공실률이 낮은 것을 알 수 있다.

이런 경우, 해당 매물은 임대료를 계속 낮추는 악순환을 해결하기 위해 예상 타깃층을 다시 분석하고 그 타깃 고객에 맞는 스테이징을 할 필요가 있다. 해당 매물의 임대료 수준은 주변의 신축 빌라와 오피스텔의 수준을 유지하면 된다.

해당 매물이 다른 경쟁자들과 비교했을 때 어떤 우위요소가 있는지 판단하는 것이 중요하다. 이런 경우 공실률이 낮고, 임대료 수준을 주변과 적정수준으로 유지를 하기 위해서는

임차인들의 니즈에 맞는 공간을 꾸미고 연출을 한다. 예를 들어, 최근의 한 조사에 의하면 1인 주거의 임차인들은 깨끗한 화이트 톤의 실내와 통창유리, 복층을 선호한다고 한다. 이러한 콘셉트을 개발하여 꾸미거나 새로운 임차인으로서 초단기 임차를 위한 고객을 확보하는데 주력한다. 업무와 주거를 동시에 해결할 수 있는 홈 오피스 공간이나 쉐어하우스 형태의 새로운 주거형태의 콘셉트으로 연출하여 경쟁자들과 차별화로 접근한다.

부동산 상품의
스타일 메이킹

어느 정도 고객에 대한 분석과 해당 매물의 주변 입지 분석이 끝나면 다음으로 본격적인 부동산 상품 만들기로 들어간다. 부동산 상품 만들기는 스타일을 만드는 것에서 시작한다. 내놓은 매물을 부동산 상품으로 만드는 것이 스타일 메이킹(Style Making)이다. 이전의 콘텐츠 기획단계와 입지분석단계에서 그 매물의 좋은 점과 차별점이 무엇인가를 명확하게 설정하였다면, 스타일 메이킹에서는 어떻게 구체적으로 표현할 것인지가 중요하다. 즉, 어필 포인트(appeal point)를 시각화시키는 작업이 필요하다.

예를 들어, 이전의 분석단계에서 해당 매물이 건축연수에 비해 깨끗하게 사용된 설비가 장점이고, 공간 재배치를 통해 숨어 있는 공간이 나올 수 있는 조건 등 여러 상황들이 파악되면, 스타일 메이킹 단계에서는 물건의 장점을 극대화시켜 보여주는 것이다. 이

것이 고객에게 보여줄 어필 포인트를 만드는 것이다. 여기서는 정리정돈, 청소세척, 수리보수, 공간연출 4가지에 대해 제시한다.

(1) 정리 정돈
❶ 정리도 아름답게 하라

스테이징의 기본은 정리다. 정리를 잘하면 숨어 있는 공간을 찾아낼 수 있고, 공간이 전체적으로 여유가 생겨 그 다음에 진행할 스타일링에 도움을 줄 수 있다.

정리는 나누기·줄이기·수납하기 3가지 순서로 진행한다. 홈스테이징에서는 구매자에게 좋은 인상을 주고, 판매자의 생활감이나 개성을 드러내지 않도록 강약을 조절하는 것이 무엇보다 중요하다.

- **나누기** : 〈나누기〉는 집안에 있는 의류·식기·식품·문구류·책 등 '장르별'로 나눈다. 나누는 것으로 물건의 전체적인 양이 파악되고 줄이기 쉬워진다.
- **줄이기** : 분류가 끝나면 다음으로 〈줄이기〉를 한다. 이는 완전히 다 버리는 것이 아니라 현재 생활에 필요한 물건만 남긴다는 것이다. 현재 생활에 필요한 물건은 평소 자주 사용하는 것이다. 이렇게 정리를 함으로써 불필요한 것이 파악된다. 그런데 아무리 생각해도 버릴 것이 없다면 잠시 다용도실이나 임대 창고 등에 보관을 해두어도 된다.

- **수납하기** : 물건을 줄이면 다음으로 〈수납하기〉를 한다. 홈스테이징에서는 일반적인 정리수납가와 다르게 구매자의 시선이 자연스럽게 집중되어 매물의 매력을 높이는 '포컬 포인트'를 의식하고 수납을 진행해야 한다. 즉, 이때 일반적인 정리수납과 다르게 비주얼 머천다이징(visual merchandising) 기법을 활용하여 수납한다. 예를 들어, 아래의 그림과 같이 주방의 식기나 식탁 위, 낮은 협탁이나 소파 테이블 위를 정리할 때, 부동산의 비주얼 머천다이징은 시각적 체계화(Visual Organize, 시각적 정리정돈, 눈으로 보았을 때 무엇인가 체계적으로 잡혀있도록 하는 것)를 주어야 한다.

먼저, 정리를 할 때, 사물의 높이에 따라 사람의 시선이 달라진다는 것을 인지해야 한다. 아래의 그림과 같이 사람의 시선은 높이 180cm 이하의 C존에 먼저 머물고, 그 다음으로 높이 90cm 이하의 B존, 그 다음으로 높이 60cm 이하의 C존에 머문다. 이러한 고객의 시선을 고려하여 정리할 때 사람이 이동하는 통로 쪽은 낮게 가구나 집기들을 이동하여 배치하고 벽면으로 갈수록 높은 책장이나 수납장·장식장이 가도록 하여 해당 매물이 상품으로서 잘 보여질 수 있도록 한다.

부동산 상품을 위한 수직적 시선과 정리법

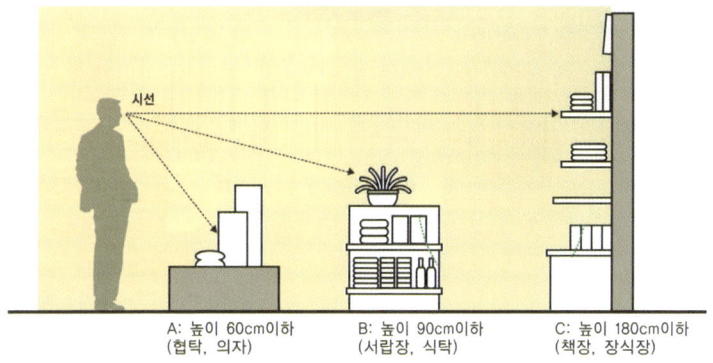

정돈을 할 때 다음의 표와 같이 수직 진열, 수평 진열, 그룹핑 진열기법을 활용하면 시각적 체계화를 줄 수 있다.

수직 진열은 수평 진열에 비해 같은 선반에 진열한 경우 더 많은 품목들, 같은 품목일 경우에는 더 많은 디자인을 보여줄 수 있으며, 다소 떨어진 곳에서도 품목의 다양함을 보여줄 수 있는 장점이 있다. 여러 접시를 포개어 하나의 그룹을 만들어 이것을 수직으로 반복해서 배열하는 방법이다. 이러한 수직 진열은 수납장이 좁고 높은 경우 정돈의 효과를 더 높일 수 있다.

수평 진열은 책장이나 장식장, 수납장같이 가로로 긴 가구에 효과적이다. 같은 아이템이라도 디자인이나 색상 등에서 약간씩 차이가 있는 상품들이 많을 경우에는 수평 진열이 더 효과적이다. 그러나 가로로 일률적으로 하는 경우 자칫 밋밋해질 수 있어서 약간의 배리에이션(Variation, 다양성)인 반복과 리듬 효과를 주면 더 연출

효과가 뛰어나다.

   그룹핑 진열은 상품구성을 할 때 자주 이용되는 동일상품, 유사상품, 관련성이 높은 상품을 각각 하나로 묶어 그룹별로 묶는 방법이다. 이것은 진열하고자 하는 아이템이 크기나 모양, 색상이 다른 경우, 하나의 공통점을 찾아서 그룹으로 묶는 것이다. 아래의 표에서 그룹핑 진열은 동일한 묶음으로 연출하더라도 정삼각형이나 부등삼각형 등 약간의 변화를 주면 단조로움을 피할 수 있다. 그러나 홈스테이징에서 주의해야 할 것 점은 상점의 연출이 아니기 때문에 너무 산만하지 않도록 하는 것이 중요하다.

부동산 상품의 가치를 높이는 주방 진열장의 수납연출법

선반진열법	접시	진열장
수직 진열 (수직으로 반복배열)		
수평 진열 (부등변 삼각형구도로 수평배열)		

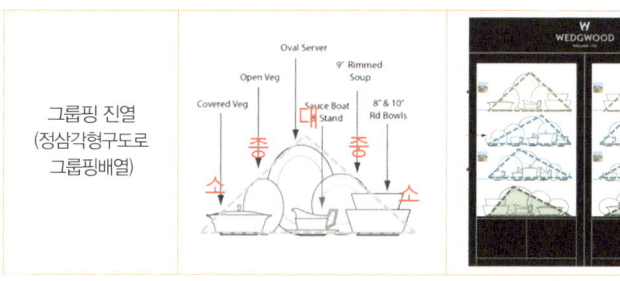

❷ 일정한 규칙을 주어 정돈하라

정리를 통해 버리는 것과 수납하는 것을 결정하면, 이후에는 가구와 소품을 이용하여 정돈을 한다. 정리는 버리는 것으로 결정이 된다면, 남아 있는 물건들에 대해 질서를 부여하는 것이 정돈이다.

매물을 상품으로서 보여주기 위해 각 공간마다 포컬 포인트를 만든다. 포컬 포인트가 되는 벽면은 특히 신경을 써서 인테리어 소품이나 식물 등으로 연출을 한다. 이때 거실이나 주방의 장식장에는 고객의 시선이 먼저 머무는 곳이다. 이곳은 아래의 표와 같이 디자인별, 색상별, 사이즈별로 포인트가 될 수 있는 소품으로 연출한다.

디자인별 정돈은 크기나 색상이 다를 경우, 같은 디자인끼리 또는 테마가 비슷한 것끼리 모으는 것이다. 이것은 수직으로 기준선을 잡고 서로 다른 디자인별로 각각 정돈한다.

색상별 정돈은 색상을 기준으로 하는 방법이다. 색상은 위에서 아래로 가벼운 색에서 무거운 색으로 정돈하거나 좌측에서 우측으로 연한 색에서 어두운 색으로 한다.

크기별 정돈은 시각적으로 무거운 것을 아래쪽에 두기 둔다. 그래서 큰 사이즈는 아래에 작은 사이즈는 위에 두어 정돈한다.

소품을 활용한 거실장의 연출기법

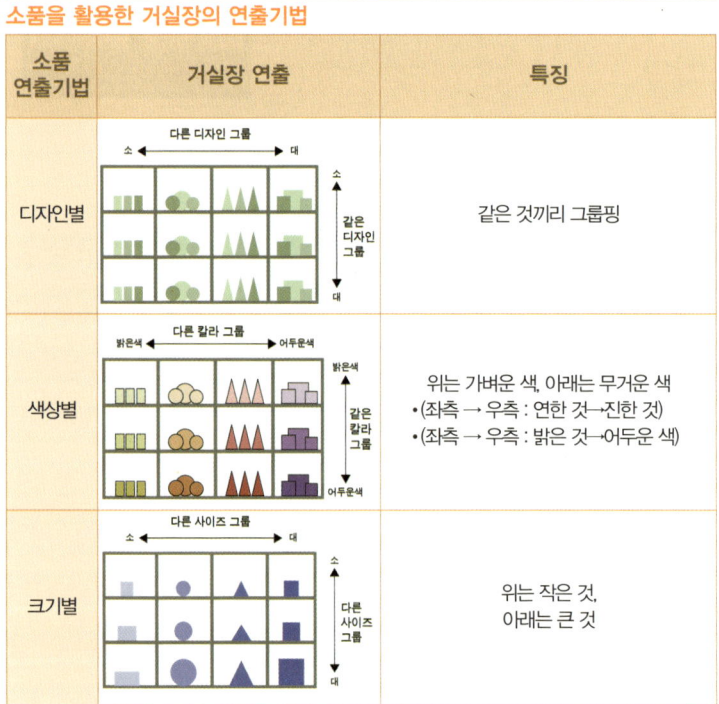

소품 연출기법	거실장 연출	특징
디자인별		같은 것끼리 그룹핑
색상별		위는 가벼운 색, 아래는 무거운 색 • (좌측 → 우측 : 연한 것→진한 것) • (좌측 → 우측 : 밝은 것→어두운 색)
크기별		위는 작은 것, 아래는 큰 것

(2) 청소 세척

❶ 청소로 건물의 이미지를 업(up)시켜라

내놓는 매물을 청소한다는 것은 이미지를 바꾸는 것과 같다. 일례로, 중고차를 중고상에 내놓을 때 차의 내부와 외부까지 청소를 하고 왁스까지 해서 중고시장 광고에 올려놓으면 좀 더 높은 가격에 올려 팔 수 있다. 이처럼 부동산도 매각할 때 지저분한 상태로 내놓아 구매 예정자에게 청결하지 못한 이미지를 주어 원하는 가격을 받지 못하는 것보다 청소를 하여 이미지를 청결하고 좀 더 비싸게 팔릴 수 있는 가능성을 만들어야 한다.

❷ 4가지 요소로 청결을 유지하라

이제부터 집을 내놓기로 마음을 먹었다면, 늘 다음과 같은 순서로 청소를 하고 언제 팔릴지 모르는 매물을 잘 가꾸어야 한다. 청소는 단순히 쓸고 닦는 것이 아니다. 청소도 기술과 요령이다. 청소는 닦는 장소(높은 곳→낮은 곳), 닦는 방법(위→아래), 도구 사용(솔→청소기), 마무리(젖은 상태→마른 상태)에 따라 청결도가 달라진다. 이것을 기억해라.

청소의 4가지 순서

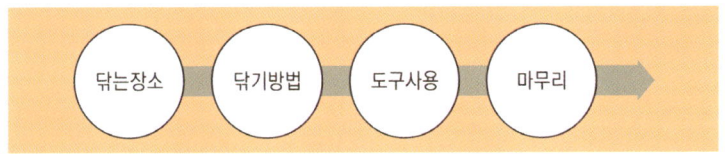

첫째, 청소는 닦는 장소에 따라 높은 곳에서 낮은 곳으로 시작한다. 예를 들어, 부엌의 높은 선반장의 위를 청소하고 그 아래의 선반과 바닥을 청소한다. 그리고 집안의 먼지를 집 밖으로 쓸어내기 위해 현관에서 먼 곳부터 청소를 해서 밖으로 나온다. 이렇게 현관의 먼 곳부터 청소하면 청소의 효율성을 높여준다.

둘째, 닦는 방법은 위에서 아래로 한다. 예를 들어, 욕실 거울이나 거실 유리창의 경우 전용 유리창 닦기용 고무 주걱과 마른걸레를 사용하여 위에서 아래로 닦아 내려온다. 유리창을 닦을 때 사람들은 일반적으로 수평으로 포물선을 그리며 닦는 경우가 많다. 이런 경우, 물기가 남아 위에서 아래로 흘러내려 이후에 자국으로 남게 된다. 물기가 있는 상태의 유리면에 고무 주걱을 대고 먼저 좌측에서 우측 방향으로 수평이 되게 밀어 우측에 물기를 모은다. 이 상태에서 주걱을 수직 아래로 힘을 주어 닦아 내려오는 것이다. 즉, 고무 주걱을 이용하여 'ㄱ'자를 쓰듯이 닦아 위에서 아래로 내려온다.

셋째, 적재적소에 맞는 청소 도구를 사용한다. 청소도 적절한 장소에 따라 도구를 잘 활용해야 한다. 물기가 있는 욕실 거울을 닦을 때는 전용 수건으로 닦지 않아 스크래치가 나는 경우가 있고 주방의 가열대 주변에는 기름때 전용 세제를 사용하지 않아 오래된 얼룩이 그대로 방치된 곳이 많다. 이런 경우, 욕실은 락스와 솔을 사용하여 바닥, 벽의 물때를 제거하고 주방은 기름때 전용세제와 솔을 사용한다.

넷째, 청소의 마무리는 건조 상태다. 주방 청소의 경우, 싱크대 주변을 청소하고 마른걸레도 닦는 경우가 많지만, 욕실 청소의 경우 물청소까지만 하고 끝내는 경우가 많다. 물기가 있는 상태에서 마르게 되면 나중에 얼룩이 남아 오히려 더 지저분해진다. 그래서 욕실도 주방의 싱크대처럼 마른걸레로 천장부터 바닥까지, 욕실의 변기까지 말끔히 마른걸레로 닦아 습기를 없애야 한다. 방문한 고객이 이렇게 깨끗하고 뽀송뽀송한 욕실을 보면 더 좋은 인상을 갖게 된다.

(3) 수리 보수

물을 이용하는 곳(주방, 욕실, 화장실 등)과 조명, 문 등에 고장이 있다면, 구매자는 입주 후에 수리를 해야 한다. 이런 부분이 많다면 집의 인상이 좋지 않고 가격을 낮추려는 흥정에도 영향을 미치게 된다. 우선 고칠 수 있는 것은 고치도록 한다. 포인트는 고객의 시선이다. 당신이 고객이라면 어떻게 생각할지를 항상 의식하도록 한다.

(4) 공간 연출

해당 매물의 구입을 희망하는 고객은 물건을 처음 보고 30초 이내로 자신과 맞는 집인지 아닌지를 정한다. 우리는 이 찰나의 순간에 최대한 고객의 흥미를 끌어내야 한다. 그것은 대부분의 고객이 한번 보고 마음에 들지 않는 물건은 다시 돌아오지 않기 때문이다.

그래서 내놓는 매물에는 고객의 마음과 흥미를 끌어내도록 공간연출이 중요하다. 연출은 부동산 전체에 대한 어프로치(approach, 접근)부터 시작한다. 그리고 실내·외부의 콘셉트을 잡고, 리디자인에 대한 진행 방향을 설정하고, 하나씩 세일즈 포인트를 만들어 나간다.

그러나 여기서 중요한 점은 상품으로서 돋보이게 연출을 한다는 것이다. 연출을 한다는 것은 '보여주는 곳'을 만드는 것이다. 고객에게 잘 보여줄 수 있도록 포컬 포인트와 같은 장치를 만드는 것이 필요하다. 아래의 그림처럼 고객이 공간에 들어오면, 고객의 움직임은 점·선·면으로 나타난다. 여기서 하나의 선(line)은 고객이 움직이는 동선(circulation)이 되고, 각 코너에서 마주하게 되는 점(point)은 포컬 포인트(focal point)가 된다. 그리고 고객이 어느 한곳에서 머물게 되는 면(plane)은 바닥면이나 벽면과 같은 접촉면이 된다.

공간에서의 연출 포인트 (점-선-면)

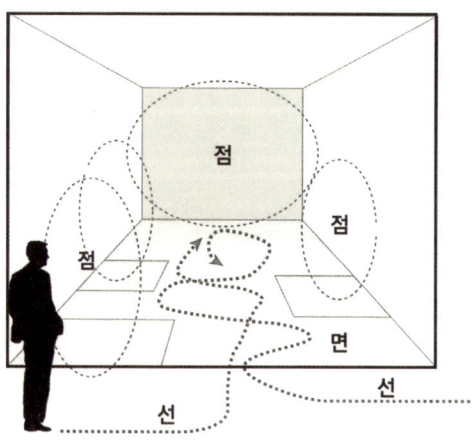

구체적으로 보면, 선은 고객의 움직임을 의미한다. 고객의 움직

임은 '집안으로 들어오기, 둘러보기, 멈춰 서기, 자세히 보기, 확인하기, 구입하기' 6가지의 행위로 나타난다. 이러한 고객의 움직임은 구매의 심리인 '어머?, 이게 뭘까?, 갖고 싶다, 비교, 결정, 만족'으로 연결되기 때문에 중요하다.

점은 부동산 매물에서 초점이 된다. 이러한 초점은 포컬 포인트로서 매물의 공간에서 어디에 두고 어떻게 만드는지가 중요하다. 또한 점은 해당 매물 안에서 다른 공간(예, 현관에서 거실, 거실에서 부엌 등)으로 이동할 수 있는 매력적 요소가 된다. 고객이 다른 곳을 살짝 둘러볼 때 다른 곳의 초점을 보게 되면 그곳으로 자연스럽게 발이 옮겨진다. 그래서 공간에서 초점 즉, 포컬 포인트가 중요하다. 어디에 포컬 포인트를 만들지 각 공간에 대한 포컬 포인트의 위치는 뒤에서 자세히 다루도록 하겠다.

면은 포컬 포인트가 있는 벽면이나 고객이 움직이는 동선에서 마주하게 되는 벽면이 된다. 그래서 점과 선을 길고 복잡하게 하면 면은 커진다. 즉, 고객이 해당 매물을 구석구석 돌아보게 만드는 것이 점과 선이고 이를 계속 더 늘려나가는 것이 면이 된다. 최대한 구석구석 돌아보고 오래 그 공간에 머물도록 하는 전략이 필요하다. 오래 머물고 간 고객은 곧 다시 온다. 그리고 그 해당 매물은 계약으로 이루어져 매각이 된다.

4장

홈스테이징할 때 반드시 지켜야 할 기본원칙

홈스테이징의 가이드라인

 스테이징의 영역은 특정한 고객이라고 해도 너무 세분화된 스페셜한 부분의 고객이 아니라 연령층이나 소득층에서 두루두루 공감이 갈만한 것이어야 한다. 그래서 홈스테이징 할 때 기본적으로 알아두어야 할 가이드라인으로서 타깃을 명확히 하고, 정해진 타깃에 맞추어 구매 예정자를 위한 라이프 스타일을 찾고, 공간의 레이아웃을 정하는 것이다.

(1) 명확한 타깃을 잡아라.

 제일 먼저 해야 할 것은 내놓는 매물에 어떤 고객이 구경하러 올지 예상 타깃을 정하는 것이다. 그리고 고객에게 무엇을 보여주고 전달하고 싶은지 명확히 해야 한다. 이 기본적인 생각이 애매해지면 타깃팅이 빗나가게 된다. 잘 팔리니깐 이 소품을 준비했다거나, 인기가 있으니깐 이 스타일을 정했다거나 하는 것은 전부 애매한 상태로 만드는 요인이 된다.

해당 매물에 대한 가이드라인이 정확해야 한다. 가이드라인은 정확한 타깃을 찾는 것에서부터 시작된다. 아래의 표와 같이 타깃을 찾기 위한 기본 고려사항으로는 예상 고객의 연령, 소득수준, 가족 구성, 라이프 스타일, 세일즈 포인트가 있다. 이것을 통해 타깃을 정하고, 어떻게 보여줄 것인지 공간연출로 표현을 한다.

타깃을 구체화하는 법

구분	내용
연령	
소득수준	
가족 구성	
라이프 스타일	
세일즈 포인트	

타깃은 가능한 구체적으로 그 대상을 정하는 것이 중요하다. 어떤 타깃에 맞추어 상품을 만들 것인지 구매유도 포인트로서 중요하다. 타깃을 명확히 하기 위해는 아래의 그림처럼 라이프 스타일, 생애 단계, 연령별로 나누고 여기서 어느 정도 범위가 좁혀지면 상

품화 계획을 한다. 상품화 계획으로는 연출디자인, 매물 예상 가격, 컬러 등을 고려하고, 이후 판매계획까지 고려한다.

타깃 정하기   (자료 참고: '売り場づくりの法則84, 2009' 부분발췌, e-나라지표의 인구구조 참조)

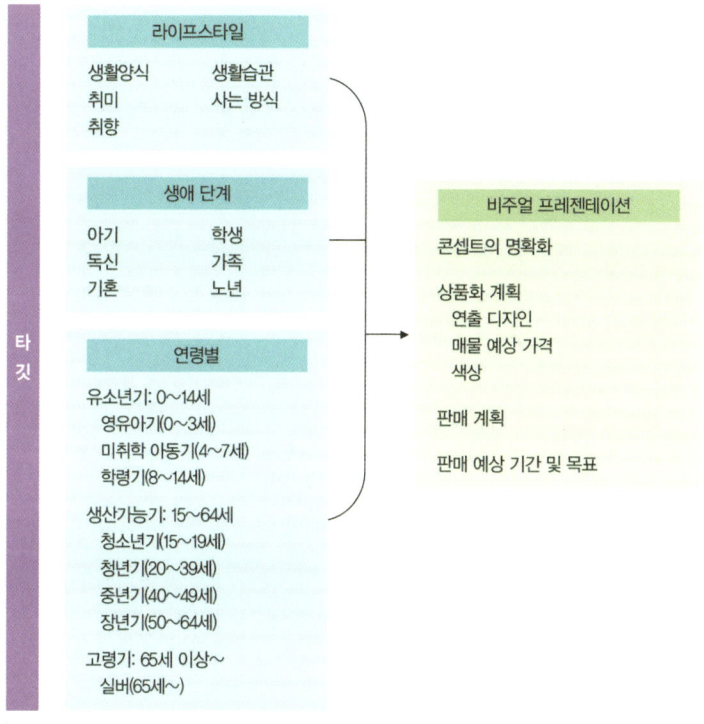

* e-나라지표의 인구구조 참조

(2) 구매 예정자를 고려한 스타일을 정하라.

스테이징 할 때 전반적으로 누구나 생각할 수 있게끔 한다. 누구나 생각할 수 있게끔 한다는 것은 공감 영역을 만드는 것이다. 이러한 공감 영역은 동시대를 살아가는 사람들이 대부분 생각하는 것,

느끼는 것으로 대표적으로 라이프 스타일(Life style, 생활방식)이 있다.

사람들이 살아가는 방식을 나타낸 라이프 스타일 중 인테리어 디자인에서 하나의 표본으로 만든 것이 '스타일'이다. 즉, 스타일은 개인이나 민족, 시대에 따른 특징적인 생활패턴을 표현한 것으로 아래의 그림처럼 다양한 시대와 생활방식이 섞여 만들어진다.

스타일의 분류

	스타일	
통시적 관점	공시적 관점	
예술과 디자인 Art & Design	문화현상(Mega, macro) Cultural Phenomenon	하위문화(micro) Sub-culture
고딕 스타일 바로크 스타일 클래식 스타일 모더니즘 팝아트 ...	레트로 로하스 웰빙 노마드 빈티지 ...	히피 힙합 펑키 비트 글램 ...

해당 매물에 대한 콘셉트기획에서 입지분석까지 끝나면 구매 예정자를 고려한 스타일을 정해야 한다. 그러나 스타일을 정할 때 단순히 보여주는 것으로 끝나면 안 된다. 즉, 구매 예정자의 구매 이후의 삶을 상상할 수 있도록 스타일을 정해야 한다. 홈스테이징이 인테리어와 다른 점은 바로 여기에 있다. 너무 화려하지도 않으면서 구매 예정자를 고려하여 인테리어 스타일을 만들기 때문에 최근 대표적으로 유행하는 스타일이나 특정 계층이나 연령층이 좋아할 만한 스타일로 선정하여 만들어야 한다.

아래의 사진은 어느 단독주택의 거실 부분이다. 작은 정방형의 거실은 좁아서 4인 가족이 모여 이야기를 나누기 위한 큰 테이블을 두기 어렵다. 그러나 한편으로 이러한 단점은 1~2인을 위한 식사나 휴식을 취할 수 있는 겸할 수 있는 거실로 활용하여 작은 사이드 테이블(Side table, 보조용 테이블)이나 넥스트 테이블(Next table, 3단 협탁)을 사용할 수 있는 장점이 있다. 이처럼 현재 상황 파악을 통해 콘셉트의 기획을 잡고, 다음으로 구체적인 타깃팅을 한다. 전체적인 내추럴한 무드의 공간은 중년 부부를 위한 것으로 타깃팅하고, 정방형의 작은 거실은 상품으로 연출하기 위해 시골의 한적한 무드의 컨트리 스타일로 설정한다.

거실 사진 (출처: CHSSP)

(3) 공간을 레이아웃하라.

부동산 매물의 레이아웃을 구성하는 기준은 사람, 가구, 기타 장식소품이다. 공간의 레이아웃은 공간에 놓이는 가구에 많이 좌우된다. 그래서 공간 레이아웃 할 때 꼭 알아두어야 하는 것은 가구의 치수와 배치이다. 특히 침실, 거실, 부엌의 가구 치수와 배치는 익혀 둘 필요가 있다.

❶ 침실, 침대 배치가 좌우한다.

침실은 침대 매트리스가 크기를 좌우한다. 침대의 사이즈가 공간 안에서 어떻게 배치되는지에 따라 넓어 보이기도 하고 좁아 보이기도 하고 때로는 적당한 소품을 연출할 수 있는 구도가 안 나오기도 한다. 아래의 그림은 싱글베드, 더블베드, 1인용 이불의 치수이다. 또한 요즘 싱글들이 많이 사용하는 슈퍼싱글베드는 1100~1200(mm)가 있다.

싱글베드, 더블베드, 1인용 이불의 치수 (출처: ラクラク突破のインテリアコーディネーター合格テキスト, 2019)

싱글 베드	더블 베드	1인용 이불
950 ~ 1,050	1,300 ~ 1,500	1,300 ~ 1,600
1,900 ~ 2,050	1,900 ~ 2,050	1,900 ~ 2,100

침실의 사이즈는 매트리스나 이불의 사이즈가 중요하다. 그러나 이를 비어 있는 매물에서 어떻게 배치하는지에 따라 공간이 매력적이기도 하고 그렇지도 않기도 하다. 일반적으로 사람들이 생활할 때는 넓은 공간을 좋아해서 한쪽 벽에 몰아붙여 배치하는 경우가 많다. 그러나 홈스테이징에서는 거주자의 생활 편리보다 구매 예정자를 위한 어필 포인트를 만들기 위한 것으로 연출을 위해 침대를 벽에서 띄워 벽 중앙에 위치시킨다.

아래의 그림처럼 침실의 중앙에 침대를 두어 좌우 대칭 구조가 되게 한다. 좌우 대칭 구조로 배치를 하면 공간이 편안하고 아늑해 보인다. 실제로 생활하기에 불편할 수 있지만, 심리적으로 편안함을 주기 위해서 이 방법을 활용한다.

침대배치와 여유공간 치수　　　(출처: ラクラク突破のインテリアコーディネーター合格テキスト)

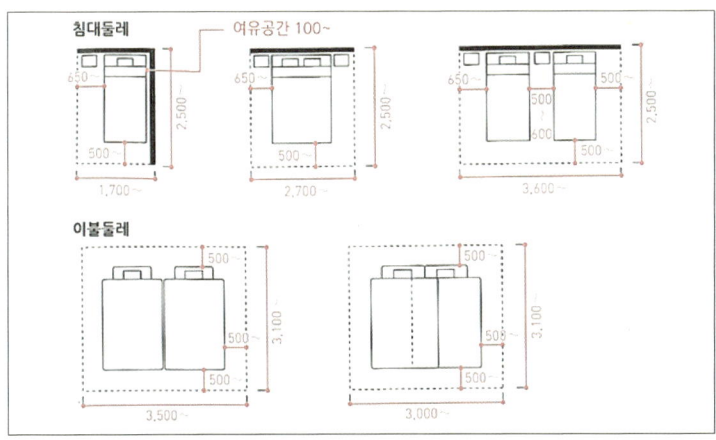

❷ 거실, 대화를 이루는 소파 배치를 한다.

또한 거실은 고객이 실내로 들어와 현관 다음으로 접하게 되는 중요한 장소이다. 이곳은 청소 상태, 정리 상태, 공간 연출 상태에 따라 고객이 구매자로 바뀔지 확연히 달라진다. 좁은 거실이라도 어떤 가구를 배치하는지에 따라 넓어 보이기도 하고 때로는 이색적인 공간으로 보이기도 한다.

아래의 그림을 보면, 거실의 소파 배치는 대화를 어떻게 하는지에 따라 대면형, L자형, 직렬형(일자형), 분산형으로 구분한다.

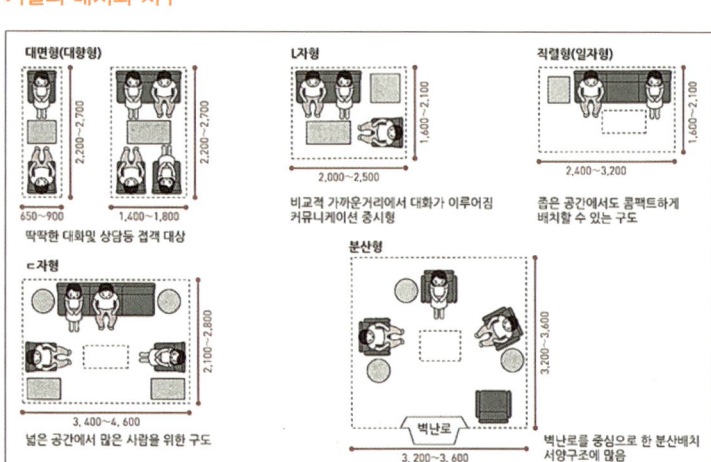

거주자가 생활에 있어 편리를 위해 직렬형(일자형)으로 가구를 배치하는 경우가 많지만, 홈스테이징에서는 구매자의 구매 이후의 생활을 상상할 수 있도록 ㄷ자형, L자형, 분산형으로 각 분위기에 따라 연출을 한다. 예를 들어, 벽난로나 TV를 중심으로 단란한

가족의 분위기를 만들고자 한다면, 분산형으로 가구를 배치하고 주변에 협탁이나 플로어 스탠드 등으로 연출한다. 또한 심플하고 모던한 거실의 분위기를 만들고자 한다면, L자형, 일자형으로 가구를 배치하고 벽면도 함께 활용하여 분위기를 만든다.

❸ **부엌, 요리하는 모습을 보여준다.**

부엌은 조리하는 공간(Kitchen, K)과 식사하는 공간(Dining, D)으로 구분한다. 그리고 공간의 크기에 따라 거실(Living, L)을 같이 배치하는 경우도 있다. 트렌드에 따라 부엌의 공간 레이아웃이 많이 바뀌고 있다. 오래된 주택의 부엌은 공간이 작거나 거실과 분리된 경우도 있다. 여러 가지 해당 매물의 상태를 보고 공간을 어떻게 고객에게 장점으로 부각시켜 보여줄지 고민을 많이 해야 되는 곳이기도 하다.

아래의 그림은 일체형 원룸에서부터 부엌, 식당, 거실 분리된 다양한 부엌의 형태를 보여주고 있다.

부엌의 배치와 치수   (출처: ラクラク突破のインテリアコーディネーター合格テキスト, 2019)

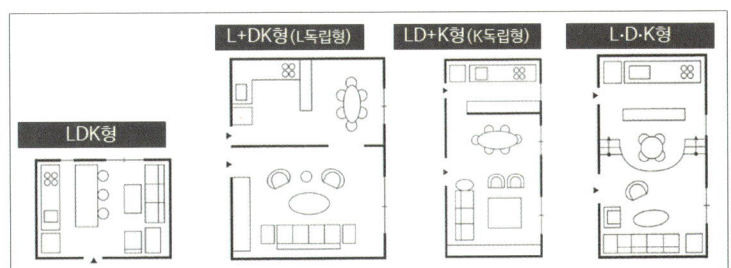

또한 좁은 부엌 공간은 식탁 배치를 잘못하여 공간이 더 좁아 보일 수 있어 배치에 신경을 써야 하는 곳이다. 아래의 그림을 보고, 가구 배치를 익혀두자.

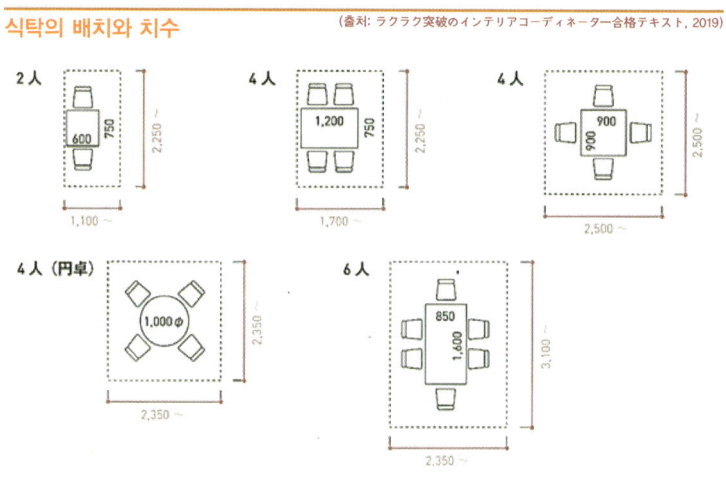

식탁의 배치와 치수 (출처: ラクラク突破のインテリアコーディネーター合格テキスト, 2019)

(4) 입체적으로 생각하라.

어느 정도 공간에 대한 스타일도 정하고, 평면의 레이아웃도 정해지면 실제 공간에 가구와 스타일이 맞을지 입체감 있는 시뮬레이션이 필요하다. 아래 사진의 룸 스타일러(roomstyler)는 초보자도 간단히 할 수 있는 3D 가상 인테리어 플래닝 프로그램이다. 이를 이용해서 간단히 공간의 색채와 재료의 이미지를 파악할 수 있는 무드보드(Mood Board)와 평면적인 레이아웃의 공간플래닝(space planning), 3차원의 3D 모델링도 무료로 할 수 있다.

룸 플래너 메인화면

(www.roomplanner.com)

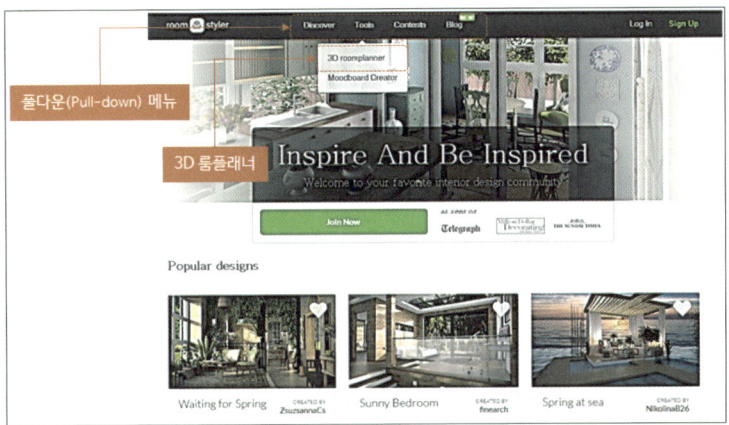

룸 플래너의 공간 레이아웃

(www.roomplanner.com)

다음의 사진은 룸 스타일의 무드보드를 활용하여 거실에 대한 분위기를 만든 것이다.

컨트리 코티지 스타일 무드보드

그리고 만든 무드보드를 활용하여 2차원의 공간에 가구와 소품들을 배치한다. 이때 인체치수와 가구의 크기를 고려하여 평면적인 레이아웃을 한다.

룸플래너를 활용한 가구 배치와 공간 레이아웃

그리고 2차원의 공간 레이아웃을 3차원으로 보기를 하면 아래와 같이 렌더링이 된 그래픽이 나온다.

룸 플래너를 활용한 컨트리 코티지 스타일 모델링

연출이 돋보이는
포인트 만들기

연출은 보여주는 곳을 만드는 것이다. 판매자가 의도하는 '제안이 있는 연출'이 바로 돋보이는 포인트이다. 이러한 제안은 해당 매물이 구매 예정자에게 "어떠신가요"라고 메시지를 던지는 것이다. 무엇인가 보여주기 위해서는 매력을 표현해야 한다.

홈스테이징에서는 항상 포컬 포인트를 의식해야 한다. 텅 비어 있는 공간보다 해당 매물에 플로어 스탠드나 식물, 오브제(object, 장식적 소품) 등으로 포컬 포인트를 만들면 구매자의 인상을 높일 수 있다. 아래의 그림처럼 비어 있는 매물이나 재택거주자가 있는 매물인 경우, 공간이 텅 비어 있다고 가정하고 각 공간에 처음 발을 내디딜 때 구매 예정자의 시선으로 먼저 보이는 장소를 찍어둔다. 그곳이 바로 포컬 포인트가 된다.

포컬 포인트가 되는 곳

예를 들어, 현관의 포컬 포인트는 문을 열고 들어서면 제일 먼저 보이는 곳으로 중문이나 현관에 마주하는 벽면이다. 그리고 복도를 따라 실내로 들어오면 넓은 거실을 마주하게 된다. 이때 거실에서 처음으로 마주하게 되는 창문이나 벽면이 포컬 포인트가 된다.

이러한 포컬 포인트가 되는 곳에는 어떤 연출을 해야 할까? 그곳은 고객에게 어떤 메시지와 인상을 줄지 계획을 해야 한다. 그리고 포컬 포인트는 무엇으로 만들며, 어떻게 만들어야 할까? 여기서는 대표적으로 공간에서 분위기 요소를 가장 결정짓는 컬러와 소품 배치에 대해 설명하겠다.

(1) 색으로 초점 만들기

❶ 컬러, 색 사용의 기본이다

앞에서부터 계속 색에 대해 이야기 하고 있어 이제 귀에 딱지가 앉을 때도 되었을 것이다. 인테리어를 하는 경우, 색채(C, Color), 재료(M, Material), 마감(F, finish), 형태(S, Shape)의 CMFS가 중요하다. 인테리어에서는 이 4가지 요소가 다 잘 어울리고 잘 정리되어야 아름답게 보인다. 그러나 홈스테이징은 인테리어의 전체적인 실내 재료와 마감을 변경하여 분위기를 바꾸는 것보다 간단한 스타일링으로 연출을 한다. 그래서 홈스테이징에서는 컬러에 대한 비중이 인테리어 공사보다 높다.

출입문을 열고 실내공간에 들어섰을 때, 그 공간의 바닥과 벽, 천장, 그리고 문을 보면 공간의 색이 거의 정해진다. 즉, 그 베이스가 되는 색은 리폼을 하지 않는 이상 바뀌지 않는다. 스테이징을 할 때 베이스 색과 맞지 않는 색은 사용하지 않도록 한다.

최근 인테리어 트렌드는 실내 내장마감재를 화이트의 마블대리석과 화이트 페인트로 마감을 하는 것이 유행하고 있다. 실내공간에서 바닥, 벽, 천장의 색은 어떤 감정이나 분위기를 드러내지 않는 무채색을 기본으로 하고 있다. 그래서 공간에 악센트를 주기 위해 포인트용으로 소품을 활용한다. 스테이징에서는 소품이 너무 베이스와 같은 컬러여도 안 되고 너무 개성적이어도 안 된다. 베이스 컬러는 어디까지나 기본이다. 예를 들어, 때 묻지 않은 새하얀 벽과 짙은 갈색의 바닥으로 된 방에는 새하얀 시계가 전혀 눈에 띄지 않게 되고, 연한 나뭇결 재질의 테이블도 바닥의 짙은 갈색과는 맞지 않는다. 즉, 너무 묻혀있는 색으로 선정하지 않는다.

이런 경우 아래의 사진처럼 바닥의 화이트컬러의 대리석으로 흰색을 베이스로 정한다면, 벽면은 흰색보다 어두운 밝은 회색으로 하고 여기에 화이트 색의 대리석이 튀어나오는 효과가 있으므로 이를 시각적으로 눌러주기 위해 브라운 컬러의 침대나 유사색의 보라와 네이비색 체어로 눌러준다. 이것을 무드보드로 만들어 정확한 스타일의 무드와 전체적인 컬러 콘셉트을 확인한다.

프렌치 클래식스타일의 무드보드

French Modern & classic style

TIP. 색으로 초점을 만들기 위해 무드보드(Mood board, 또는 이미지 보드)를 만든다. 무드보드는 구매 예정자가 공간의 이미지를 상상할 수 있도록 바닥재·벽재·가구·장식 소품·조명을 한곳에 모아 콜라주(Collage) 기법으로 만든 것이다.

❷ 1개의 공간, 너무 많은 색을 사용하지 않는다

너무 많은 색은 공간의 초점을 흐린다. 아래의 그림처럼 고객이 해당 매물에 들어서서 실내를 둘러보는 경우, 어느 한 공간에 다 도착했을 때 먼저 눈에 들어오는 것(맞은 편의 벽면)과 이후에 주변의 것들(가구, 테이블, 테이블 위의 소품, 주변 벽)이 있다.

1개의 공간에서 초점

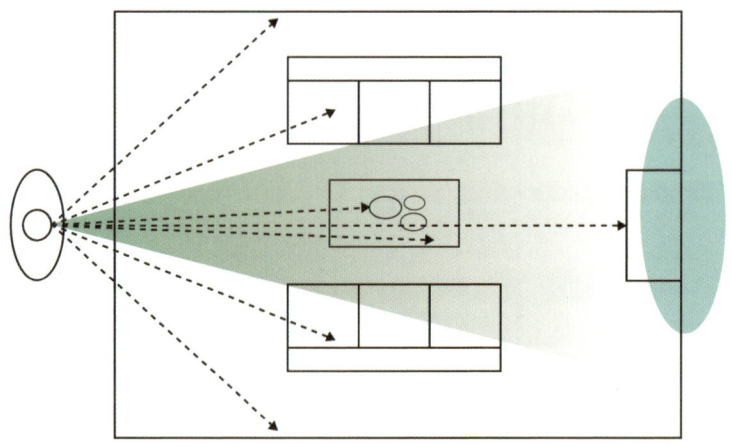

예를 들어, 고객이 해당매물의 거실에 서서 둘러보는 경우 초점은 맞은편 벽에 머물게 된다. 그리고 그 초점 앞에 있는 나머지 사물들이 눈에 들어오게 된다. 그중 고객의 시야에 가장 많이 들어오는 것이 색채이다. 그래서 1개의 공간에 너무 많은 색을 사용하지 않는다. 바닥 재료나 벽, 소품을 포함해서 하나의 공간에 3~4가지 정도의 색이 적당하다.

이것은 모두 같은 채도와 명도를 가진 3가지의 색이 아니라 범위를 넓게 봐서 3가지라는 것이다. 진한 녹색, 살짝 진한 녹색, 이보다 더 연한 녹색 등 조금씩 달라도 상관이 없다. 요즘은 같은 색상이어도 톤(tone)의 변화를 주면 더 매력적이고 세련된 느낌을 준다.

페인트 색상이나 벽지의 색상도 최소한으로 사용하면서 톤에 변화를 주면 된다. 이러한 톤은 전반적인 공간의 분위기와 느낌을 쉽게 바꿀 수 있다. 같은 컬러라도 톤의 변화를 어떻게 주는지에 따라 공간의 분위기가 달라진다. 요즘에는 이런 톤의 변화를 공간에 어떻게 주는지에 따라 공간의 감각도 달라져 보인다.

(2) 눈에 띄는 초점 만들기

고객은 매물을 구입하기 경우, 어떤 방법으로든 현장에 와서 보게 된다. 이때 중요한 것은 '어떻게 하면 최대한 고객의 눈에 띌 것이냐'이다. 고객의 눈에 띄기 위해서는 먼저 3가지 연출 포인트로 강약을 주어야 한다. 해당 매물을 친절하게, 아름답고 매력적으로, 공감할 수 있게 해야 한다.

첫째, 해당 매물을 친절하게 보여주는 것은 그 자체를 보여주는 것이다. 해당 공간이 좁거나 구조가 불편한 부분이 있다면 솔직히 그대로 보여주는 것이다. 그러나 해당 매물의 단점으로서만 인정하고 내버려 둔다면 부동산의 가치를 올릴 수가 없다. 그래서 둘째, 아름답고 매력적으로 보여주어야 한다. 셋째, 만족할 수 있도록 공감이 가도록 해야 한다. 특히 공감이 가도록 하기 위해서는 구매 예정자에게 어떤 메시지를 전달하는지에 따라 그 공감대는 훨씬 올라간다.

이러한 3가지를 염두에 두고 고객에게 메시지를 전해야 한다. 고객의 눈에 잘 띄도록 연출하기 위해서는 레이아웃, 시선, 표현에 대해 고려해봐야 한다.

첫째, 레이아웃은 고객의 동선이 포인트이다. 고객 동선에 대해 정면에 위치하는 곳이 눈에 띄는 장소이다. 동선에 대해 평행하게 레이아웃을 짜면 그대로 흘러가게 되므로 효과가 떨어진다.

고객 동선과 눈에 띄는 초점

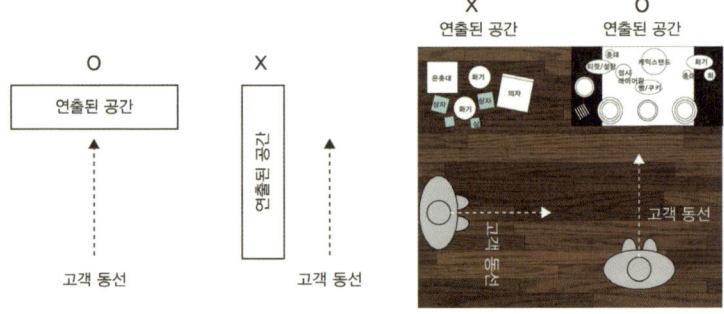

둘째, 고객의 눈에 띄려면 눈에 띄는 높이를 의식하고 연출을 해야 한다. 통상적으로 약 120~150cm 전후의 높이를 말한다. 이 것은 사람이 자연스럽게 시선을 주는 가장 눈에 띄는 높이다. 눈에 띄는 포인트로 시선을 잡는 경우, 150cm 전후부터 천장까지의 높이를 활용한다.

눈에 잘 보인다 = 눈에 잘 띈다

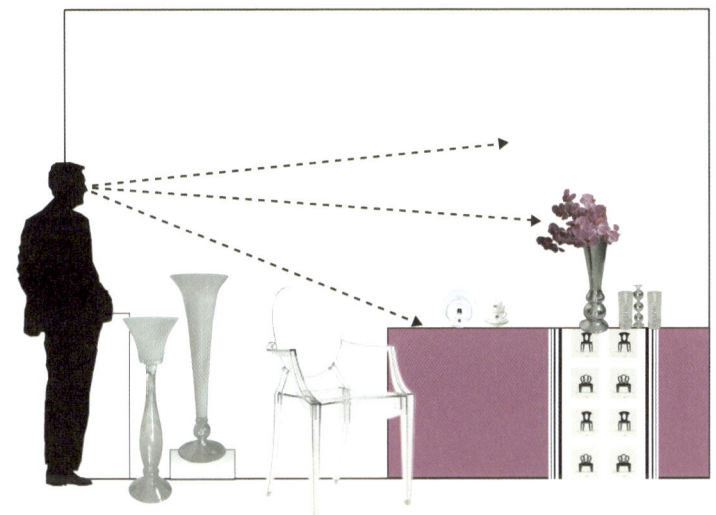

눈에 잘 보인다 = 눈에 잘 띈다

셋째, 표현은 입체적으로 해야 한다. 시선보다 아래에 있는 진열이나 평평한 연출은 고객의 구매 욕구가 떨어지고 임팩트도 적어진다. 그러나 단조롭고 정리된 진열장에 볼록형의 입체적인 높낮이로 변화를 주면 다른 진열보다 눈에 띄고 시선 집중 포인트가 있는 구성이 만들어진다.

입체적인 표현

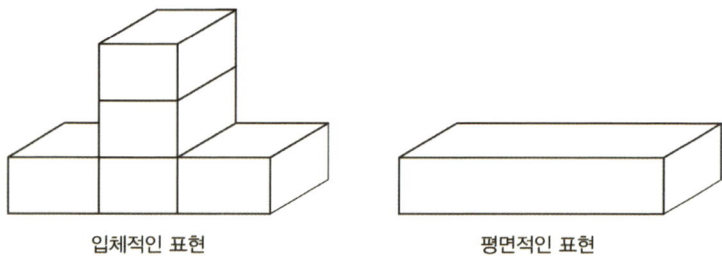

입체적인 표현　　　　　　　　평면적인 표현

(3) 변화와 리듬감이 있는 연출 만들기

연출이 돋보이는 포인트를 만들기 위해서는 변화와 리듬감을 주어야 한다.

먼저, 보여주고자 하는 곳에 연출을 위해 밸런스(Balance, 균형)를 잡는다. 이때 밸런스를 위해 구성(composition)이 필요하다. 예를 들어, 잘 정돈된 공간연출의 표현을 위해서는 밸런스의 안정감 있는 구성이 필요하지만, 리듬감이나 변화가 있는 연출을 하고 싶다면 이와 반대로 구성, 나열/진열, 조합의 요소를 고려해야 한다.

첫째, 구성에서 삼각형 구도는 중앙을 높게 양옆을 낮게 하는 것이다. 역삼각형은 불안정하지만 역동성이 있다. 그러나 홈스테이징은 어디까지나 해당 매물이 잘 팔리기 위해 연출로 돕는 역할을 한다. 그래서 너무 과한 장식이나 너무 강한 리듬감은 역효과를 줄 수 있으므로 자제해야 한다.

둘째, 나열과 진열을 한다. 나열과 비슷한 의미의 열거는 여러 가지를 쭉 줄지어 놓는 것이다. 그러나 나열(arrange)은 하나의 규칙을 두고 질서 있게 정돈하는 것이다. 즉, 규칙성과 기준이 있는 것이다. 그리고 진열(display)은 고객이 해당 부동산 매물을 상품으로 보고 매력적으로 보이도록 연출하는 것이다. 불규칙하게 나열하면 움직임이 있고, 변화가 있어 좋으나 고객이 해당 매물의 좋은 점을 면밀히 살피지 못하는 산만함을 줄 수 있다.

셋째, 조합(Combination)은 컬러, 디자인, 소재, 형태 등이 동일한 톤으로 어우러지면 차분하고 안정감을 준다. 그러나 다른 소재, 다른 형태 등이 너무 많이 혼합되어 있으면 산만함을 준다.

위에서 언급한 이러한 몇 가지는 변화와 리듬감을 줄 수 있으나 공통적으로 하나의 기준을 가지고 해야 한다. 예를 들어, 색을 하나의 공통된 기준으로 하여 나열/진열을 다르게 하거나 구성을 안정적인 삼각형 구조로 하면서 나열/진열에서 변화와 리듬감을 주든지 해야 한다. 그렇지 않으면 산만하고 혼란만 줄 수 있다.

내놓은 매물을 고객이 짧은 순간 둘러보고 갈 때 얼마나 적재적소에 매력적으로 잘 연출이 돋보이게 만들어져 있는지에 따라 좀 더 높은 가격에 팔 수 있다.

변화와 움직임이 있는 연출법 (출처: 売り場づくりの法則84)

구분	그림	내용
구성 (예. 리듬구성)		반복에 의해 리드미컬한 구성이 시선을 모은다

나열/진열 (수평구성의 나열)		옆으로 넓게 퍼지는 수평 라인을 의도한 구성으로 동일한 소품을 나열한 것
조합		동일한 톤으로 조합

헌 집을 새 상품으로 만드는 킬링 포인트

우리 속담에 "보기 좋은 떡이 먹기도 좋다"라는 말이 있다. 이를 디자인의 관점에서 해석해보면, 시각적으로 만족하게 되면 그와 관련된 기능적 심미적인 내용도 긍정적으로 평가될 수 있다는 뜻이다. 보이는 것이 매우 중요한 역할을 한다는 것을 알 수 있다.

헌 집을 새 상품으로 만드는 킬링 포인트는 바로 보기 좋게 하라는 의미와 같다. 보기 좋게 하는 킬링 포인트는 공간을 매력적으로 만드는 연출법과 스타일을 알면 된다. 연출법은 실내디자인이나 제품디자인 등 디자인 분야에서 기본적으로 다루는 디자인의 원리에 있다. 즉, 홈스테이징에서 누구나 생각할 수 있게끔 보기 좋게 만드는 것은 디자인의 요소와 원리를 잘 활용하면 된다. 디자인의 원리에서 다루는 규모·비례·균형·리듬·강조·조화·대비·통일 등이 종합적으로 잘 적용되면 이는 보기 좋은 것이 된다.

내놓은 매물이 고객에게 보기 좋은 떡이 되기 위해 디자인의 다양한 원리를 이해하는 것이 시각표현에 초석이 될 수 있다는 것을 명심해야 한다. 아래에서는 헌 집을 새 상품으로 만드는 공간연출법 중 쉽게 다룰 수 있는 디자인 원리의 리듬과 균형, 이를 활용한 3·3·3의 법칙에 대해 설명한다. 또한 잘 팔리도록 돕는 인테리어 스타일에 대해 다룬다.

(1) 헌 집, 새 상품으로 만드는 공간연출법
❶ 디자인, 리듬을 타라

공간 스타일링에서 가장 기본이 되는 것이 디자인의 원리이다. 디자인의 원리에는 리듬, 반복, 교차 등이 있다. 아래의 표는 리듬에 관련한 대표적인 것으로 반복, 점진, 교체를 통해 리듬의 효과가 나타난다.

반복, 점진, 교차의 개념과 이미지 (출처: The Art of Display, 2002)

반복은 되풀이를 의미한다. 위의 표와 같이 동일한 형태나 색을 사용하여 두 개 이상 배열해 나감으로써 통일된 질서와 연속감, 리듬감을 주는 것이다. 반복의 원리는 일정한 거리 간격에 의해 이루어진다. 위의 표에 제시된 이미지와 같이 창가에 동일한 색상의 꽃병을 일정한 간격으로 거리를 띄워 반복 배치하게 되면 리듬감이 생긴다. 반복은 통일성과 질서를 가지기 가장 쉬우나 단순한 단위로 반복하면 오히려 단조롭게 되기 쉽다.

점진은 점층 또는 그라데이션이라고 하며, 색이나 형태 등이 차례로 변화하는 것이다. 위의 그림과 같이 점진은 반복보다 약간 동적이며 한 쪽 방향으로 진행하면서 오는 리듬감이 강하다. 점진은 공간연출뿐만 아니라 아름다운 정리수납에서도 많이 활용된다. 예를 들어, 5개의 바구니를 아래에서부터 위로 큰 것에서 작은 순으로 점점 쌓아 올라가는 것의 변화, 옷장의 정리에서 밝은색의 옷에서 어두운색의 옷으로 정리하여 색의 이동을 보여주는 것 등에서 찾아볼 수 있다.

교체는 반복과 점진을 혼합한 것으로 요소와 요소 사이의 간격을 일정하게 유지시키고 요소를 강조하거나 약화시키는 경우도 있다. 위의 표에서 제시된 바와 같이 창틀이나 선반 위에 진열된 장식 소품의 크기와 컬러를 일정한 간격으로 유지하면서 교체시킬 때 나타난다.

❷ 시각적 균형을 잡아라

시각적 균형은 어느 한쪽으로 치우침이 없는 것을 말한다. 이러한 균형에는 대칭 균형, 비대칭 균형, 방사형 균형이 있다.

대칭, 비대칭, 방사형 대칭의 개념과 이미지

	대칭	비대칭	방사형
개념			
이미지			

(출처: biblofox.blogspot.com/2013/05/atbalsti-savas-gramatas.html(좌), stylowi.pl/633040(중), https://decoralist.com/blogs/journal/styling-a-round-dining-table?srsltid=AfmBOoqCU2B_FcA0ClW9eqL_xIEJURIa-OBj75UdD_pg0xZ6Fdfya9BC(우))

대칭균형은 수직축을 중심으로 좌우 동일하게 배치되는 것을 의미한다. 대칭균형은 공간에서 연출적 요소로 많이 활용한다. 예를 들어, 위의 표에서 제시한 것처럼 차분한 이미지를 주어야 하는 서재 공간의 연출에서 책상 위 책을 북앤드로 대칭균형으로 한다면 더욱 안정감을 줄 수 있다.

비대칭균형은 수직축을 중심으로 좌우 동일하게 배치된 상태는 아니지만 시각적으로 무게가 균등하게 느껴지는 것을 의미한다. 비대칭 균형은 대칭 균형보다 자연스럽고 생동감을 준다. 예를 들어, 해당 매물의 주방에 위의 사진처럼 벽걸이 선반과 책을 이용하여 비대칭 균형으로 연출을 한다. 주방은 동적인 공간에서 더욱 활동적인 느낌을 줄 수 있다.

방사형 균형은 중앙을 중심으로 퍼져나가는 것을 의미한다. 이러한 방사형 균형은 대개 넓은 식당에 원탁 테이블을 놓고 그 주변으로 의자를 에워싸는 형태로 연출한다. 이러한 방사형 균형은 사각형의 식탁 테이블보다 더 호기심을 유발하고 신선한 느낌을 준다. 디너 파티의 느낌을 연출하거나 이벤트 파티의 느낌으로서 럭셔리한 콘셉트의 공간에 활용한다.

❸ 3·3·3 법칙으로 움직임을 줘라

장식품이나 소품의 세팅에 있어 '1세트에 3개' 또는 '1번에 홀수(3~5개)'로 놓는 게 가장 보기 좋다. 짝수보다 홀수로 세팅하면 움직임이 있다. 또한 마찬가지로 같은 높이의 소품을 나란히 세워놓는 것보다 '고→중→저(3단계)의 법칙'을 활용하여 높이의 변화를 주면 움직임이 있다.

3·3·3법칙의 개념과 이미지

개념	1세트에 3개	1번에 홀수	고중저 3단계

(2) 헌 집, 새 상품으로 만드는 스타일

스타일은 시간과 함께 변한다. 아래의 그림처럼 인테리어 스타일의 큰 특징은 서양의 역사 속에서 장식(Decoration)과 비장식(Un-decoration)으로 반복되어 나타났다. 아래의 그림을 보면서 앞으로 올 트렌드를 예측하는 것에도 도움된다.

인테리어 스타일의 장식과 비장식 흐름

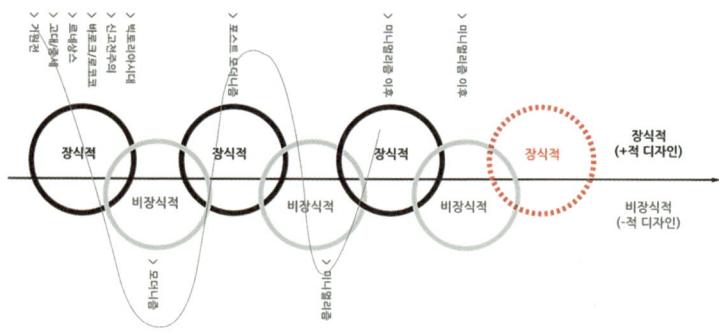

2000년 초 중반 어느 집에나 한 번쯤 있었음 직한 화려한 꽃무늬 벽지와 자작나무 벽지의 시대가 가고 2010년 전후로 주택, 카페 등에서 회색의 민무늬 벽지와 블랙 의자로 꾸며지는 등 최소한의 장식을 추구하는 미니멀리즘이 등장하였다. 2020년 전후로 회색에서 완전한 순백색으로 바뀌어 너도나도 화이트 대리석, 화이트 벽지 등으로 바꾸었다.

그러나 최근 드라마 등의 영향으로 인테리어에서 전반적인 화이트컬러에 화려한 골드가 접목되는 것이 유행하였다. 점점 화려한 골드 식탁, 골드 의자, 골드 거울 등의 가구와 소품들이 등장하였다. 이처럼 잠시 회상해보면, 최근 몇 년간 스타일이 장식에서 비장식을 거쳐 다시 장식으로 변화해가는 것을 알 수 있다.

그러나 이러한 많은 스타일 중 오랫동안 한국인에게 사랑받고 있는 스타일은 대표적으로 모던, 미니멀, 내추럴, 클래식 스타일이다. 이러한 스타일은 시간이 지나면서 색상에서 톤의 변화와 인테리어 재료에서 많은 변화가 있었다. 또한 모던과 클래식이 섞여 모던 클래식, 모던과 내추럴이 섞여 모던 내추럴 스타일 등 서로 다른 스타일이 섞여 융합되어 나타나는 경향을 보였다.

❶ 모던 스타일, 실용성이 최고의 미

모던 스타일 (출처:catalk.kr)

모던 스타일은 필요 없는 장식을 과감히 배제하여 매우 간결하면서 실용성을 강조한 것이 특징이다. 주로 세련됨을 극대화하기

위해 모노톤의 색을 주로 사용하며 최근에는 화이트를 주로 사용한다. 대리석이나 금속을 주요 재료로 사용한다.

❷ 미니멀 스타일, 절제가 최고의 미

미니멀 스타일은 장식을 절제하고 공간의 효율성을 극대화하는 디자인이다. 최근 1인 가구가 증가하고 킨포크 라이프와 같이 비우는 것에 대한 생활방식이 등장하면서 더욱 인기를 끌고 있다. 최소 공간으로 최대 효과를 내기 위해 공간의 레이아웃과 가구를 활용하고 최대한 장식을 배제하는 것이 특징이다.

미니멀 스타일　　　　　　　　　　　　　　　　(출처:decoraid.com)

❸ 내추럴 스타일, 자연의 자연을 위한 자연

내추럴 스타일은 인위적으로 만든 것보다 자연의 느낌을 더 추구한다. 2000년 초 내추럴 스타일은 자연을 닮은 벽지와 장판 등이 유행했다. 말 그대로 자연은 아니지만, 자연을 모티브로 해서 자연인 척 실내에 장식을 한 것이다. 그러나 점점 자연에 대한 사람들의 갈망과 수요는 진짜 자연을 실내로 들여놓는 플랜테리어와 같은 스타일로 바뀌었다. 이제는 플랜테리어(Planterior)에서 마치 집을 정글처럼 많은 식물로 장식을 하는 홈 정글(Home jungle)과 같은 단어가 낯설지가 않다.

최근 인테리어는 우드 패널과 같이 자연의 나무소재를 주로 사용하고 있다. 우드패널의 바닥과 걸레받이 몰딩, 천장 몰딩은 적벽돌색에서 화이트 색으로 바뀌었고 여기에 실내장식은 짙은 녹색의 실제 식물과 화분으로 연출되고 있다.

내추럴 스타일 (출처:smalldesignideas.com)

❹ 클래식 스타일, 영원한 럭셔리

최근 미니멀리즘과 함께 유행한 것이 클래식 스타일이다. 클래식(classic)은 사전적으로 고전적인, 일류의, 최고의 뜻을 가지고 있다. 이것은 고대 그리스나 로마 시대의 스타일과 예술을 담고 있다. 고대 그리스와 로마의 정신을 이어받은 바로크, 로코코 스타일과 18~19세기 초에 걸친 신고전주의의 양식까지 포함한다.

한국에서 몇 년 전부터 클래식이 유행했다. 이 클래식은 순백색의 실내공간과 맞물려 포인트 장식으로서 주방의 수전, 욕실의 샤워기, 가구 손잡이 등 장식요소로 포인트로 사용되었다. 특히 최근에 드라마의 영향으로 럭셔리함을 담고 있는 클래식은 더욱 인기를 끌고 있으며, 부의 상징인 부동산 매물 연출에 있어서도 당분간 지속될 것을 예측된다.

그중 골드의 컬러가 몇 년 사이 시간이 지나오면서 바뀌어 왔다. 처음 한국에서 클래식이 유행할 때 골드는 연한 로즈핑크 골드가 유행하였다. 로즈핑크 골드는 현관의 중문 프레임, 주방 및 거실의 조명에 사용되었다. 그러나 점점 골드가 진행되면서 로즈핑크 골드를 거쳐 샴페인 골드를 지나 현재 더욱 진해진 100% 오리지널 골드까지 유행하고 있다.

클래식 스타일 1

(출처: fansshare.com)

클래식 스타일 2 (출처: interiorsonline.com.au)(좌/우)

5장 공간 플래닝 노하우

홈스테이징의
기초 테크닉

홈스테이징에서는 다음과 같은 사항에 따라 어떤 매물로 만들지를 플래닝한다. 모든 사항이 전부 작고 소소하지만, 이런 것들이 하나씩 쌓여 큰 차이를 만든다. 구입을 생각하고 있는 고객이 호감을 가질 수 있는 공간이 될지 안 될지는 대충하느냐 제대로 잘 생각하고 진행하느냐에 따라 크게 달라진다.

(1) 컬러 : 기본 중의 기본, 색상과 색조를 잡아라.

색(color, 컬러)의 유행은 시간에 따라 변한다. 예전에 유행했던 인테리어는 빨간색 꽃과 식물이 화려한 유채색을 주로 사용하였다. 그러나 지금의 인테리어는 아래의 사진처럼 '색이 없다'라고 할 정도 무채색을 많이 사용하고 있다.

홈스테이징 트렌드 컬러2020

(출처: https://www.wunderdesignco.com)

색은 유채색과 무채색이 있다. 그리고 유채색은 색상과 색조로 이루어져 있다. 색상은 영어로 휴(hue)라고 하며, 빨강·주황·노랑·초록 등 색 자체가 갖는 고유한 특성을 말한다. 그리고 색조는 영어로 톤(tone)이라고 하며, 색상에 흰색과 검정색을 섞어나가면서 그 색이 가지는 밝고 어두운 감정을 뜻한다. 즉, 같은 색상이라도 색의 밝고 어두운 정도의 명도(Value, Lightness)와 색의 선명한 정도의 채도(Chroma, Saturation)가 변하면 뉘앙스도 달라진다. 휴앤톤이라 불리는 색상과 색조의 조화가 아름답게 완성될 때 고객에게 더 매력적으로 보일 수 있다.

홈스테이징은 공간에서 큰 변화를 주기 위해 이러한 색상과 색조를 활용하여 컬러 코디네이션한다. 컬러 코디네이션은 색상 배색, 무채색 배색, 톤 배색이 있다. 여기서는 3가지에 대해 다룬다. 직접 따라해 보자.

컬러 코디네이션의 3가지 스킬

컬러 코디네이션	색상 배색	색상환 위치관계를 기본으로 한 배색
	무채색 배색	무채색 명도관계를 기본으로 한 배색
	톤 배색	톤의 위치관계를 기본으로 한 배색

❶ **색상배색, 색 사용의 기본이다.**

배색을 할 때 제일 먼저 색상을 정한다. 이것은 가장 기본이다. 공간이 조화롭지 못하고 산만한 경우 대부분 기본적인 색상의 배색이 잘못된 것이 많다.

색상은 1차색(Primary colors), 2차색(Secondary colors), 3차색(Tertiary colors)이 있다.

1차색은 원색이라고도 하며 물리적인 세 가지 기본색 노랑, 파랑, 빨강이 있다. 이 3가지 색은 색상환에서 같은 거리상의 세 지점에 위치하며 이 색들이 무수한 색상을 만들어 낸다. 이러한 색을 보석과 같이 원물로서 여겨 원색이라고 한다.

아래의 그림은 색상환에서 1차색만 추출하여 인테리어 공간의 천장, 벽, 바닥에 색채계획을 적용한 것이다. 1차색으로만 실내 공간에 색을 사용하면 색이 가지는 에너지가 있어 굉장히 강렬한 인상을 준다.

1차색

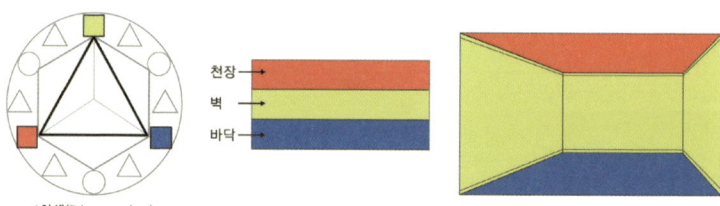

1차색(Primary colors)

1차색은 2000년 이전 맥도날드, 롯데리아 같이 패스트푸드점 등에서 강렬한 인상을 주기 위해 실내 디자인이나 간판디자인에 많이 사용하였다. 그러나 컬러도 시대에 따라 계속 변하고 있어 최근에는 1차색을 많이 사용을 하지 않는다. 아래의 사진은 1차색을 활용한 실내공간에 적용된 사례이다.

1차색의 활용

(출처: https://www.daviespaints.com)

너무 강렬하다. 1차 색은 빨강, 파랑, 노랑이 가지고 있는 에너지가 너무 강해 홈스테이징에서는 사용을 자제한다.

2차색은 1차색에서 두 가지 색상을 50%씩 조합하여 만들어 낸 원색끼리의 중간색이다.

이것은 주황, 녹색, 보라가 있다. 아래의 사진은 2차색을 추출하여 실내공간의 천장, 벽, 바닥에 색채계획을 한 것이다.

2차색

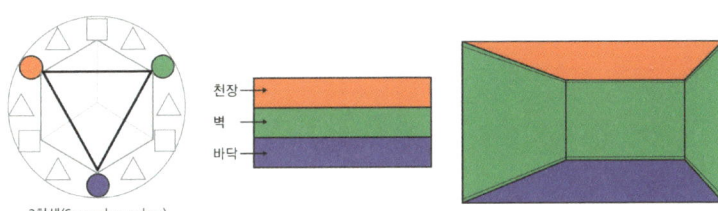

아래의 사진은 2차색으로 배색한 실내공간이다. 2차색은 1차색보다 50%씩 혼합된 중간색이어서 강렬한 인상보다 캐주얼한 감성을 준다.

2차색의 활용

(출처: https://www.homedit.com)

3차색은 2차색에서 2개씩 50%로 색을 혼합한 색이다. 3차색은 귤색, 연두색, 청록색, 보라색, 자주색, 다홍색이 있다. 아래의 사진은 3차색을 추출하여 실내공간의 천장, 벽, 바닥에 색채계획을 한 것이다.

3차색

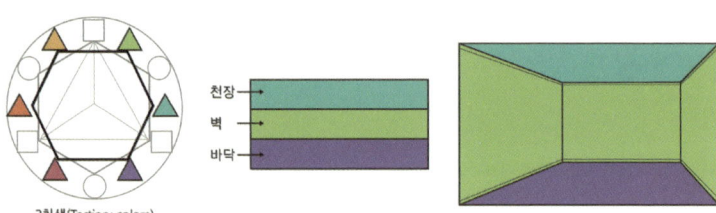

최근 인테리어이나 패션, 제품 등에서 많이 사용하는 것이 3차색이다. 그래서 3차색을 3세대 색상이라고도 한다. 아래의 사진은 3차색으로 배색된 실내공간이다.

3차색의 활용 (출처: https://interioreast.com)

앞의 1차색, 2차색과 비교했을 때 좀 더 세련된 느낌을 준다. 홈스테이징에서는 짧은 순간 해당 매물을 둘러보는 고객에게 빠르게 매력을 어필하기 위해 세련된 색

상의 3차색을 사용한다.

이러한 1·2·3차색을 모두 모으면 12색상이 되며, 이 12색상을 기본으로 배색을 한다.

12 색상환

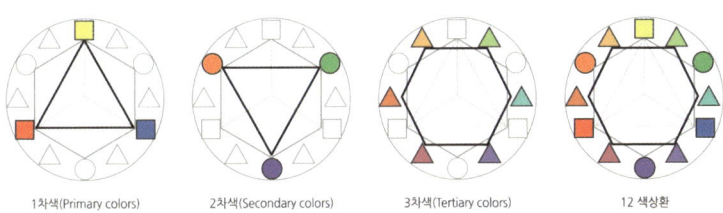

1차색(Primary colors) 2차색(Secondary colors) 3차색(Tertiary colors) 12 색상환

❷ 무채색 배색, 공간의 밝고 어두움을 표현한다.

무채색은 여러 가지 고운 빛깔을 나타내는 채색이 없다는 것이다. 아래의 그림처럼 무채색은 공간에서 조명과 같이 밝고 어두운 정도를 표현할 때 사용한다.

무채색

몇 년 전 북유럽 스타일의 인테리어가 유행하면서 대부분의 벽지가 연한 회색과 진회색을 이루었다. 이때 공간의 분위기는 아래의 사진처럼 약간 무거운 느낌과 차가운 느낌이 들었다.

무채색 배색 (www.pinterest.co.kr)

그러나 최근 미니멀 스타일의 인테리어가 유행하면서 무채색에서도 중간의 회색 기미가 거의 없는 흰색 위주로 나타나고 있다. 최근 실내공간은 아래의 사진처럼 전체적으로 흰색으로 분위기를 잡고 그 다음 포인트로 검정색의 조명이나 소품, 패턴 타일을 사용하여 깨끗하고 가벼운 분위기를 이룬다.

무채색 배색 (www.latelierkauldhar.com)

❸ 톤 배색, 화려하거나 차분한 감정을 표현한다.

톤은 색조, 분위기를 말하며, 색이 가지는 감정을 톤으로 표현한다. 아래의 표와 같이 그 톤은 맑고 가벼운 감정의 밝은 톤(light tone), 우울하고 무거운 감정의 어두운 톤(deep, dark tone), 역동적이고 강한 화려한 톤(vivid, strong tone)으로 구분한다.

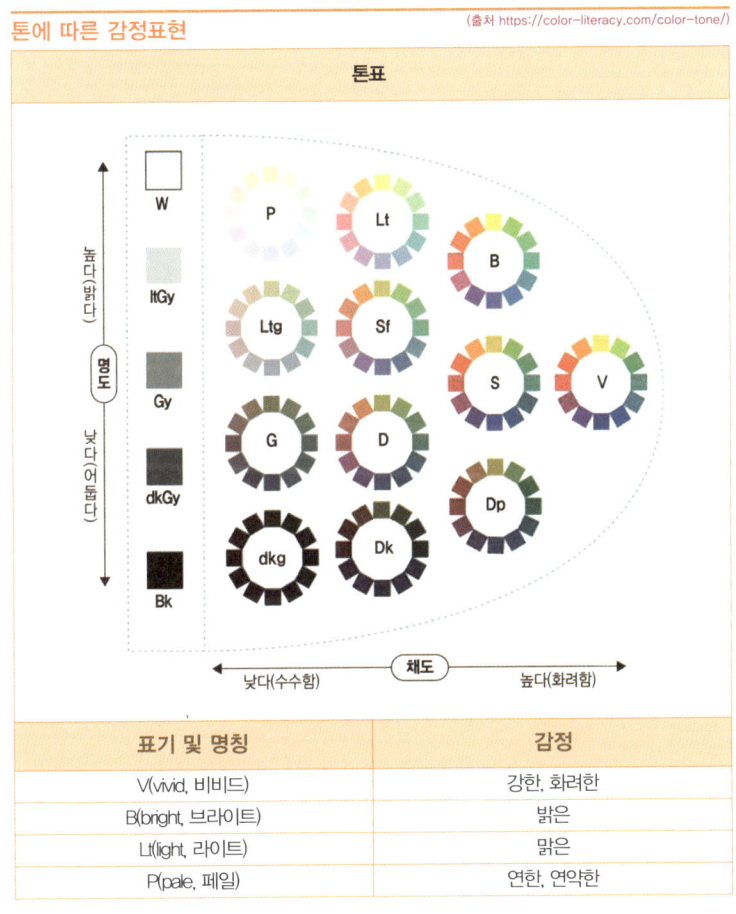

톤에 따른 감정표현 (출처 https://color-literacy.com/color-tone/)

표기 및 명칭	감정
V(vivid, 비비드)	강한, 화려한
B(bright, 브라이트)	밝은
Lt(light, 라이트)	맑은
P(pale, 페일)	연한, 연약한

Dp(deep, 딥)	어두운
Dk(dark, 다크)	무거운
Dkg(dark grayish, 다크 그레이쉬)	딱딱한, 침울한
S(strong, 스트롱)	밝은, 강한
Sf(soft, 소프트)	부드러운
Ltg(light gray, 소프트 그레이))	차분한
D(dull, 덜)	어두운, 차가운
G(gray, 그레이)	어두운, 약한

페일톤(P)은 단색(V)의 색상에 흰색을 더해 가장 명도가 높은 톤 배색이다. 부드러운 색조의 페일톤은 청결감이 있고 부드러운 이미지를 줄 때 사용한다. 홈스테이징에서는 욕실이나 주방에 활용도가 높고 최근 거실 공간에서도 많이 활용하고 있다.

페일톤 배색 (https://blind-mart.com)

라이트톤(Lt)은 단색 색상에 흰색을 더해 페일톤 보다 맑은 톤 배색이다. 라이트톤은 상쾌하고 즐거움을 주는 밝은 이미지이다. 홈스테이징에서는 거실 공간에 많이 활용한다.

라이트톤 배색 (https://blind-mart.com)

스트롱톤(S)은 단색 색상에 흰색과 검정색을 더해 약간 채도가 내려간 상태의 톤 배색이다. 스트롱톤은 강한 톤으로 움직임이 있고 열정적인 이미지를 준다. 홈스테이징에서는 개성적인 공간을 표현할 때 주로 활용한다.

스트롱톤 배색 (https://blind-mart.com)

덜톤(D)은 단색 색상에 흰색과 검정색을 더해서 채도가 내려간 혼탁한 톤 배색이다. 덜톤은 그레이를 띠는 칙칙한 색상으로 자연스럽고 부드러운 이미지를 줄 때 사용한다. 홈스테이징에서는 침실이나 서재 등의 공간에 활용도가 높다.

덜톤 배색 (https://blind-mart.com)

다크톤(Dk)은 단색 색상에 검정을 더해 어두운 색상의 배색이다. 다크톤은 전체적으로 어둡고 깊은 색조여서 차분한 이미지를 준다. 홈스테이징에서는 다크톤을 계절감을 주기 위해 겨울이나 가을의 장식에 활용되거나 페일한 공간에 자칫 밋밋하거나 떠 보이는 느낌을 가라앉히기 위해 다크톤을 일부 장식으로 사용한다.

다크톤 배색 (https://blind-mart.com)

최근 페일과 라이트의 밝은 톤을 많이 사용하고 있으나 밝은 톤을 너무 많이 사용하면 공간이 맑고 연약한 느낌이 들 수 있다. 그래서 홈스테이징에서 해당 매물을 스타일링할 때 무채색이나 중간 톤을 혼합해서 배색을 한다.

❹ **주조색, 보조색, 강조색의 면적비로 공간의 리듬을 만든다.**

색상 배색, 무채색 배색, 톤 배색 3가지는 어떤 색을 고르고 어떤 감정을 줄 것인지 선정하는 단계이다. 이 단계가 끝나면 색상과 색조를 가지고 조화롭게 만드는 것이 중요하다. 최근 유행하는 색이라도 색상의 적절한 면적 배분과 색의 위치를 고려하지 않으면 조화롭지 못하다. 부동산 매물에서 처음 방문하는 고객에게 첫눈에 매력적으로 보이게 하려면 전략이 필요하고 그것이 배색이다. 즉, 코디네이션이다.

실내 공간은 천장·벽·바닥·소파·커튼 등이 우리 눈에 한 번에 입체적으로 들어오지만 아래의 그림과 같이 색상을 선정하고 배색할 때 평면적으로 보고 면적 분할을 한다.

평면 분할

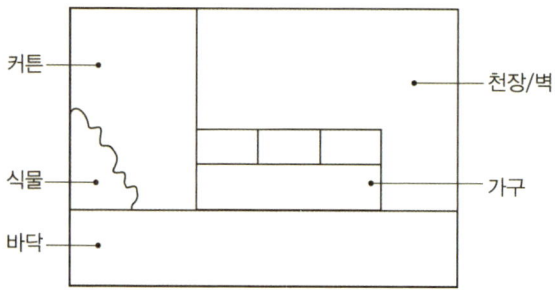

그 다음은 주조색, 보조색, 강조색의 면적비로 공간의 리듬을 만든다. 주조색은 공간 전체에 미치는 컬러로서 60~70% 정도 차지하는 색이다. 공간에서 제일 넓은 면적을 차지하므로 메인컬러(Main color)라 한다. 보조색은 전체의 30~35% 차지하는 색이다. 드라마에서 조연과 같다. 그래서 주조색을 받쳐주는 서브컬러(Sub color)라 한다. 강조색은 공간에서 5% 정도를 차지하며 공간에 강렬한 인상을 준다. 돋보이게 하는 역할을 하여 액센트 컬러(Accent color)라 한다. 아래 그림에서는 주조색은 천장·벽, 보조색은 바닥·커튼이 되고, 강조색은 식물이 된다.

색상 면적비

아래의 그림은 위의 면적 분할을 활용하여 주조색, 보조색, 강조색을 색채 계획한 것이다. 강조색은 공간의 전체적인 분위기에 따라 1~2개 정도 면적이 크지 않은 곳에 사용할 수 있다. 아래의 그림에서는 밋밋해질 수 있는 공간에 개성을 더 드러내기 위해 벽면의 액자에 핑크색을 강조색으로 추가하였다.

부동산 매물 공간의 색채 계획

아래의 표와 같이 주조색, 보조색, 강조색은 최대사용시간과 그에 따른 교체비용이 차이가 난다. 그래서 홈스테이징에서는 적은 예산과 짧은 시간에 공간의 분위기를 바꿀 수 있는 강조색에 대한 심층적인 계획이 있어야 한다.

홈스테이징 공간의 색채 계획

종류		면적(평균)	최대 사용기간	교체비용	적당한 색
주조색	바닥, 벽, 천장재	70%	길다	비싸다	쉽게 질리지 않는 색
보조색	소파, 커튼, 장식장	25%	보통	보통	너무 어둡거나 선명하지 않은 색
강조색	쿠션, 식물, 소품	5%	짧다	비교적 싸다	쉽게 바꿀 수 있는 색, 과감한 색, 무늬

다음은 주조색, 보조색, 강조색을 활용하여 공간의 무드보드를 만들 때 사용하는 색채 배색띠이다. 이것은 매물 공간 이미지에 활용되며, 고객이나 부동산 중개인에게 설명할 때 활용될 수 있다. 색채 배색띠를 만들 때 좌측에 제일 면적을 크게 차지하는 주조색을 두고 중간에 보조색, 우측에는 면적이 가장 적은 강조색을 배치한다. 이렇게 하면 해당 매물에 대한 컬러코디네이션이 완성된다.

색채 배색띠

주조색   보조색   강조색

컬러 트렌드는 끊임없이 변화한다. 이러한 사실을 인식하고 디자인 전시회에 참석하거나 페인트회사(국내 브랜드의 노루페인트, 삼화페인트, 제비스코, 해외브랜드의 벤자민 무어, 덴에드워드 등)를 방문하여 올해의 트렌드 컬러를 확인해 본다. 또한 패션과 인테리어의 트렌드 주기가 점점 짧아지고 있어 섬유제조업체의 컬러 트렌드도 검색하고 대규모 부동산 박람회를 방문하여 변화도 살펴봐야 한다.

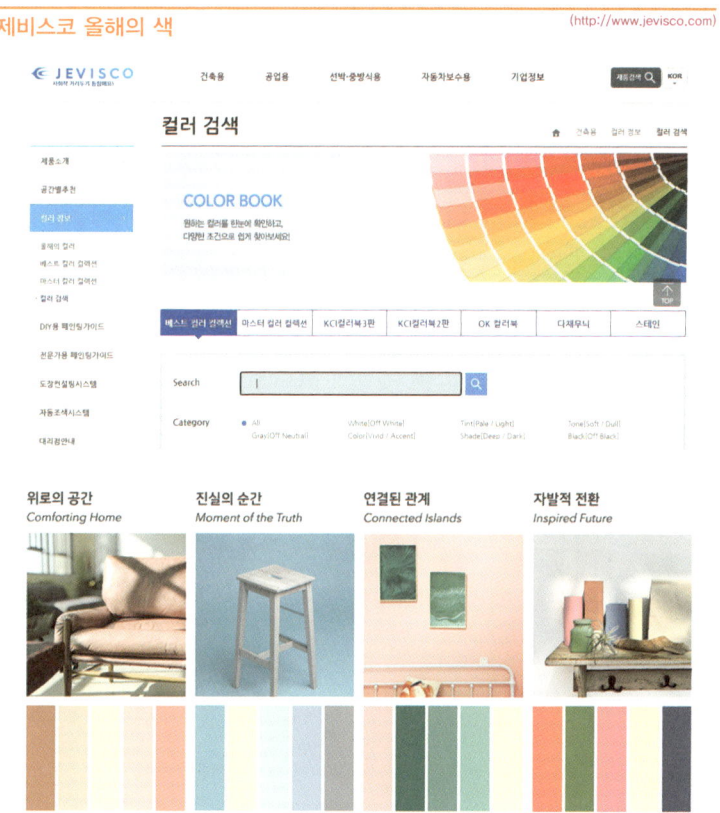

제비스코 올해의 색 (http://www.jevisco.com)

그러나 홈스테이징을 위해 너무 지나치게 유행적인 컬러를 선택하거나 디자인하는 데 시간을 허비하지 않는 것이 중요하다. 컬러는 입지 분석 및 현장에서 발견한 타깃팅을 통해 잘 팔리도록 돕는 보조적 수단이다. 전체 공간의 무드 및 스타일의 일부분일 뿐이다. 오히려, 컬러는 기본적인 것을 선택하면서 장식 소품이나 가구의 구성 및 레이아웃을 통해 더 창의적인 공간을 만들 수 있다.

(2) 조명 : 감성 무드를 전달한다.

조명은 홈스테이징에서 중요하며 저렴한 비용으로 효과를 발휘할 수 있다. 또한 그 위치에 어떤 조명을 선택하는지에 따라 공간의 분위기도 달라진다. 최근의 조명은 단순히 공간을 밝히기 위한 기능적인 용도에서 오브제의 장식적 용도로 활용하는 경우가 많다. 그러나 홈스테이징에서 조명은 곧 판매하고 비워 줄 부동산 매물에 꾸미는 것이기 때문에 비교적 합리적인 가격의 물건을 찾는 것이 중요하다.

홈스테이징에서 공간의 무드를 전달하기 위해 조명은 아래의 표와 같이 샹들리에 스타일, 테이블 램프 스타일, 플로어 램프 스타일을 활용한다. 그중 샹들리에는 해당 매물의 분위기와 공간의 크기에 영향을 많이 끼치므로 사전에 전체적인 스타일을 먼저 고려해야 한다.

❶ 자연채광, 창문 반대편에 거울을 배치한다

외부로부터 들어오는 자연채광은 집의 구조와 크기에 따라 다르게 나타난다. 어떤 매물은 집의 구조가 북향이라 전망이 좋지만 하루 종일 실내로 빛이 많이 안 들어오는 경우가 있다. 이런 집은 낮에도 조명으로 실내를 밝혀야 한다. 고객은 유지관리비를 고려하여 해당 매물에 안 좋은 이미지를 줄 수 있다.

이런 경우, 자연광이 들어오는 창문의 반대편에 거울을 배치한다. 거울은 빛을 증폭시키는 역할을 한다. 창문 반대편에 큰 거울을 배치하여 방을 비추고 빛을 반사시킨다. 특히, 북쪽에 거실이 있는 경우 빛은 남향보다 산란되어 은은하게 들어와 반대편에 비친 거울의 반사광은 눈부심이 덜하다. 이것은 어두운 북향의 거실이나 입구 복도, 현관에 활용하면 고객에게 첫인상을 좋게 할 수 있다.

거실의 거울 (출처: idealhome.co.uk)

❷ **인공조명, 공간을 더 넓고 더 커 보이게 만든다.**

조명을 변경하는 것은 벽의 색상을 변경하는 것처럼 어떻게 설치하는지에 따라 공간이 달라져 보인다. 공간을 더 커보이게 하는 방법은 월 워싱(wall washing) 조명을 활용한다. 월 워싱은 벽을 타고 흐르는 조명을 의미한다. 이때 조명을 천장으로 향하게 하여 벽을 타고 흐르게 한다. 이때 천장과 벽으로 빛을 산란시켜 위로 조명이 가게 하는 방법은 업라이팅(Up-lighting)을 사용한다. 업라이팅을 사용하면 사람의 시선이 조명을 따라 위로 가기 때문에 공간이 더 길어 보이는 효과를 만든다. 또한 천장이 더 높아 보이게 하려면 펜던트 조명을 낮춰서 설치한다. 아래의 그림처럼 요즘에는 간단히 자석으로 부착할 수 있는 월워서 조명도 있어 다른 전기 설비 없이 저렴하게 이용할 수 있다.

월 워싱 조명 (출처: 노바리빙 LED https://prod.danawa.com/info/?pcode=17214500)

❸ **조명 그룹핑, 공간을 더 조밀하게 만든다.**

공간이 넓어 뭔가 채워도 허전하다면 조명을 사용해보자. 여러 개의 테이블 램프를 활용하여 단독 또는 그룹핑 기법을 활용한다.

특히, 크고 천장이 높은 방에 그룹핑된 테이블 램프 조명은 많은 빛의 웅덩이를 만들어 공간에 깊이감을 준다. 또한 주방의 싱크대 상부장의 밑이나 침실 헤드 주변에 조명설치가 힘들다면, 우리 주변에 쉽게 할 수 있는 방법으로 아래의 사진처럼 DIY 이동식 무드등을 활용하여 빛으로 공간을 조밀하게 표현할 수 있다. 무로 롱거라이트의 경우, 간단히 접착식으로 되어 있어 설치가 간편하다. 인테리어의 전기 설비 공사와 달리 홈스테이징에서는 접착식 무드등을 활용하여 그룹핑을 함으로써 더 쉽게 공간의 깊이감을 줄 수 있다.

접착식 등 (https://wbskin.com)

(3) 커튼 : 기본에 충실한다.

공간에서 입면의 벽면 다음으로 시선이 많이 가는 곳이 창문이다.

거실창의 경우, 창문은 거실 4면 중 1면을 차지하고 25%나 된다. 요즘 대부분 방의 창이 넓어지고 있어 창문처리에 대한 연출방식도 달라져야 한다. 특히 홈스테이징에서 창문은 기존 거주자의 개인적인 라이프 스타일을 제거하고 구매 예정자를 위해 연출해야 하므로 더욱 신경을 써야 한다. 창문처리 방식은 커튼, 로만쉐이드, 블라인드가 대표적으로 있으며, 여기서는 비교적 가격이 저렴하고 쉽게 설치할 수 있는 커튼에 대해 다룬다.

홈스테이징에서는 내놓은 매물의 단점을 최대한 커튼으로 보완할 수 있다. 먼저, 작은 창의 경우 일반적인 형태(A)로 창의 치수와 딱 맞게 커튼을 설치한다. 그러나 고객이 매물을 보러왔을 때 천장이 낮아 보인다. 이런 경우, 매물의 천장이 더 높아 보이도록 길어 보이는 형태(B)로 설치한다. 이것은 천장 상부의 몰딩 가까이 커튼 봉을 올려 설치하고 커튼을 바닥까지 내려오게 한다. 커튼의 패브릭이 바닥까지 일직선으로 떨어져 천장이 높아 보이도록 연출한다. 이는 공간에 수직선을 만들어 최대한 길어 보이는 효과를 준다. 또한 공간이 좁고 낮다면 넓어 보이는 형태(C)로 설치한다. 이것은 커튼봉을 천장 상부의 몰딩 가까이 설치하면서 동시에 커튼 패브릭을 벽의 좌우 양쪽 끝까지 펼친다. 이때 패브릭은 일자로 쫙 펼쳐 너무 평평하지 않게 약간 주름을 주어 연출한다. 공간이 넓어 보이는 효과를 준다. 그러나 벽면 전체를 다 덮는 커튼은 원단이 두껍거나 어두운 색상이면 공간이 더 답답해질 수 있어 화이트 색상의 레이스나 얇은 원단의 커튼을 설치하여 시각적으로 가벼움을 주도록 한다.

창문의 연출방법

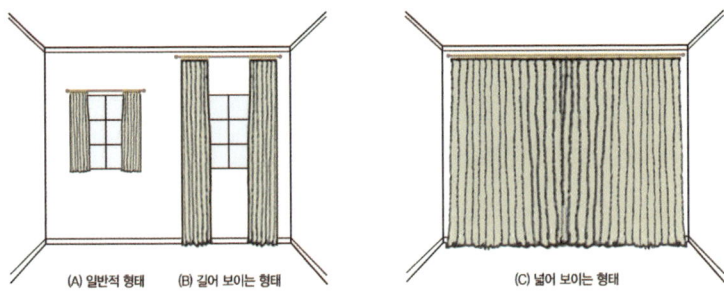

(A) 일반적 형태   (B) 길어 보이는 형태   (C) 넓어 보이는 형태

또한, 작은 창의 경우, 생활할 때 청소 등 편리를 위해 실내가구와 균형이 맞지 않는 청문처리(D)로 그냥 둔다, 이것은 창틀 하부에 가구를 두어 공간 활용하기 좋으나 시각적 균형이 맞지 않다. 이런 경우 창문이 있는 벽에 전체적인 균형감을 줄 수 있도록 앞에 가구, 소파테이블, 이동식 조명을 두어 창문과 시각적으로 연결선을 만든다(E). 그리고 좌우균형감을 위해 커튼은 앞에서 설명한 천장부터 바닥까지 수직으로 설치하여 시각적 균형감을 맞춘다.

실내가구와 창문의 연출

(D) 실내 가구와 균형이 맞지 않은 창문처리   (E) 실내가구와 균형이 맞는 창문처리

(4) 꽃과 식물 : 공간의 인상을 전달한다.
❶ 식물, 구매 예정자를 안심하게 만든다

공간에서 정취를 만들어 내는 엘리먼트 중 대표적인 것이 꽃과 식물이다. 다시 말해서, 꽃과 식물은 가장 자연스러운 아름다움을 표현하는 소재로 홈스테이징에서 공간의 생동감을 표현하는데 좋은 장식 재료가 된다. 살아있는 꽃과 식물은 생명력을 갖고 있어 시간이 지나면서 그 형태와 크기가 변하고 분위기도 변한다. 또한 꽃과 식물은 아름다움 이외 신선한 공기와 향기를 제공해주어 실내 분위기를 연출하는 데 효과적이다.

특히, 최근 인테리어가 힐링의 주제와 함께 식물에 대한 트렌드가 나타나고 꽃보다 관엽식물(잎사귀가 아름다워 관상용으로 하는 식물)을 많이 사용하고 있다. 사람은 보통 녹색에 안심과 안정을 느끼게 된다. 기대와 불안으로 긴장하고 있는 구매 예정자가 집을 보고 마음에 든다고 생각할 수 있도록 하려면 안심하고 차분해지도록 만드는 것이 중요하다.

관엽식물의 관리가 가능하다면 생화가 좋지만, 관리가 쉽지가 않다. 최근 이케아 등 생화와 비슷한 조화가 많아 이를 활용한다. 특히, 관엽식물을 활용하여 해당 매물의 공간을 연출할 때는 식물과 전체적인 공간의 분위기에 어울리는 화분을 선택하는 것이 중요하다.

아래의 사진처럼 관엽식물은 잎사귀의 형태가 가지는 분위기가 있어 황토색의 토분이나 깨끗한 흰색의 자기질 도자기, 화려한 골드색의 금속화기 등 어떤 화분을 선택하는지에 따라 분위기가 많이 달라진다.

실내 관엽식물 (https://www.expertreviews.co.uk)

❷ **식물, 색이 중요하다.**

홈스테이징은 인테리어와 달리 '어떤 종류의 꽃과 식물을 고를까'보다 '어떤 색으로 할까'를 고민해야 한다. 꽃은 전체 공간의 콘셉트에 맞춰 선정하고, 주로 액센트 컬러로 활용한다. 홈스테이징에서 꽃은 생화가 아니라 손질이 편하고 오래 사용할 수 있는 조화가 더 효과적이다. 그리고 공간에서 입체감을 살릴 수 있도록 주변의 쿠션이나 액자 등과 같이 조화를 이루어 배치한다.

또한 홈스테이징에서는 평소 생활하기에 좀 과장된다 싶을 정도 꽃과 식물로서 식탁이나 소파 테이블 위, 세면대 주변 등을 볼

륨감 있게 장식한다. 일상생활 속에서 장식하기 어렵지만, 구매 예정자를 위해 공간을 매력적으로 보이게 장식한다. 볼륨감이 있으면 공간이 좀 더 강조되어 보이며 해당 매물을 구경하러 온 구매예정자의 인상에 오래 남는 효과가 있다.

요즘 실내공간에서 많이 활용되고 있는 나무들을 활용하여 홈스테이징을 한다. 식물도 컬러처럼 트렌드가 있다. 요즘에는 고무나무·떡갈나무·아레카야자·몬스테라·보스턴고사리가 주로 활용되고 있다.

고무나무

(www.elledecor.com)

고무나무는 잎이 둥글고 광이 살짝 있어 매력적이며, 최대 3m 정도 자랄 수 있다. 잎의 색상은 짙은 녹색에 가까워 요즘과 같이 화이트가 메인인 공간에 코너 포인트로 활용할 수 있다.

떡갈나무

떡갈나무는 잎이 크고 둥글다. 그러나 고무나무와 비해 잎에 광택이 없고, 잎의 형태가 자연스러워 편안한 느낌을 준다. 3m 넘게 자라는 경우도 있어 베란다나 거실의 한 코너에 시각적으로 포인트를 크게 줄 수 있다.

아레카야자

아레카야자는 잎이 가늘고 늘어져 릴랙스한 느낌을 준다. 소파 옆이나 거실 모서리에 야자수를 두면 부드러움을 더 줄 수 있다. 잎의 색은 연두색에 가까워 어떤 공간에서도 튀지 않고 잘 어울리는 장점이 있다.

몬스테라

(www.elledecor.com)

　몬스테라는 잎의 사이즈가 30~45cm 정도로 크고 한두 개 정도로 볼륨감을 줄 수 있다. 소파 앞의 테이블 위나 주방 싱크대 위에 장식하여 싱그러움을 표현할 때 자주 사용한다. 잎의 색은 짙은 녹색이 많으며 절화하여 투명한 꽃병에 꽂아서 연출하기도 한다.

보스톤

(www.elledecor.com)

　보스턴은 고사리과의 식물로 욕실과 같은 습한 공간과 부드러운 자연광이 들어오는 공간에 활용한다. 관리도 쉬워 홈스테이징에서 욕실, 거실, 서재 등에 많이 활용한다. 잎의 색은 연두색에 가깝고 잎의 수형이 옆으로 흐트러지듯 자라 공간에서 부드러운 인상을 준다. 보스톤은 작고 아래로 늘어지면서 자리기 때문에 아래의 사진처럼 스툴이나 가구 위에 올려서 장식하거나, 책장 선반에 올려 장식한다. 작아서 어느 공간에서나 활용도가 높다.

홈스테이징에서는 생화나 식물도 사용하지만, 실내공간에서 관리하기 편한 조화식물이나 과일도 활용한다. 아래의 사진은 거실 코너에 조화를 활용하여 장식을 한 것이다. 모서리의 경우, 가구를 두는 것보다 키가 큰 식물로서 장식을 하면 훨씬 시각적으로 시선을 유도할 수 있고 강렬한 인상을 줄 수 있다.

조화식물을 활용한 거실 코너 장식 (https://designallurepdx.com)

키가 작은 조화식물은 사이드 테이블 위나 장식장 내부에 활용할 수 있다. 아래의 사진처럼 소파 옆 사이드 테이블 위에 스탠드, 식물, 소품을 균형감 있게 배치하여 연출하면 포인트 효과를 줄 수 있다.

조화식물을 활용한 테이블 위 장식　　　　　　(https://designallurepdx.com)

　　욕실은 습기가 많고 통풍과 햇빛이 없어 식물이 자라기에 좋지 않은 환경이다. 그래서 이때 조화를 활용하여 욕실 공간의 분위기를 바꿀 수 있다. 욕실에서는 선반에 올려두는 정도의 작은 식물이나 꽃이 적당하다. 컬러를 배색할 때는 주변의 타일이나 장식장 등의 색과 어울릴 수 있도록 고려한다.

조화를 활용한 욕실 장식　　　　　　(www.improvenet.com)

실내공간에 중점을 두고 스테이징을 하다 보면 테라스나 베란다 공간에 소홀해지기 쉽다. 아래의 사진처럼 테라스 공간은 욕실과 반대로 통풍과 햇빛이 많이 들어오는 경우여서 과일을 장식하는 경우 상하기 쉬워 인조 과일로 장식한다. 너무 오래 외부에 방치하면 태양빛에 의해 변색이 되기 쉬우므로 자주 교체도 해야 한다.

인조 과일을 활용한 테라스 공간장식 (https://www.younghouselove.com)

홈스테이징의 심화 테크닉

앞에서 다룬 홈스테이징의 기초 테크닉은 부동산을 상품으로 만들 때 가장 기본이 되는 것이다. 다음은 해당 매물을 부동산 상품으로서 바라보고 고객에게 매력적으로 어필할 수 있는 좀 더 심화된 테크닉에 대해 알아보자.

여기서는 고객에게 어필할 수 있는 인테리어 스타일을 찾고, 이러한 스타일을 활용하여 재료 구매 전 꼭 해봐야 할 돈 낭비와 제품구매의 실패를 줄여 줄 무드보드 만들기에 대해 다룬다.

(1) 고객에게 어필할 수 있는 인테리어 스타일을 찾아라.

❶ 인테리어 스타일, 명확한 타깃팅은 판매도 빠르다.

인테리어 스타일은 타깃 고객의 생활양식과 취미, 취향을 담고 있다. 아래의 그림과 같이 인테리어에서 사용하는 스타일은 가로축의 웜(Warm)과 쿨(Cool), 세로축의 소프트(Soft)와 하드(Hard)를 기초로 하여 14가지 스타일이 있다. 그리고 이를 서로 혼합하여 퓨전 스타일로 활용한다.

타깃 고객에 따라 조금은 달라질 수 있지만 최근 홈스테이징에서는 가로축의 쿨쪽에 있는 클리어 스타일, 내추럴 스타일, 시크 스타일, 모던 스타일, 클래식 스타일이 활용되고 있다. 그리고 이를 응용하여 퓨전 스타일은 하나의 스타일을 먼저 정하고 이를 메인으로 하여 다른 스타일을 액센트로 가미시킨다.

이미지 스케일

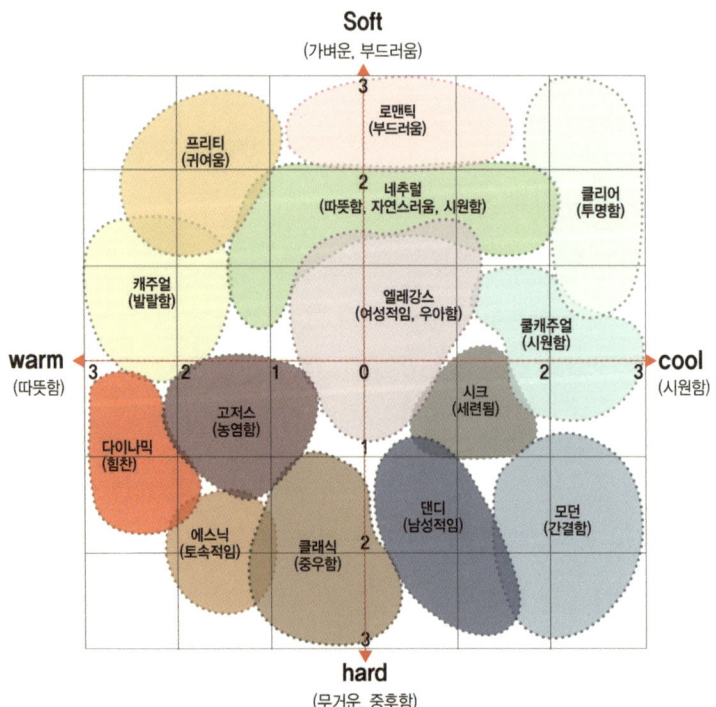

마음에 둔 매물이 있거나 현재 살고 있는 부동산을 처분해야 한다면 아래의 빈칸에 어떤 고객을 타깃으로 하여 스타일을 할지 한번 체크해 보자.

이미지 스케일

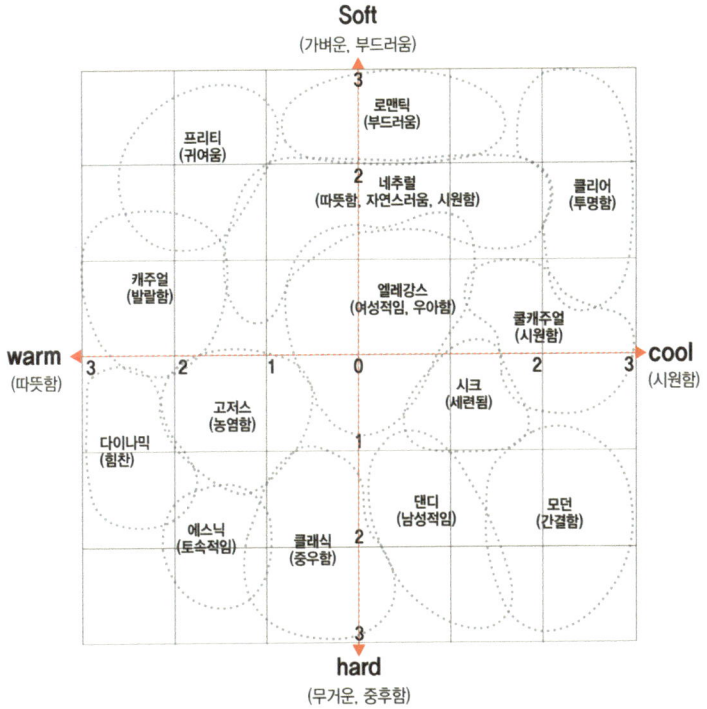

잠재고객이나 구매 예정자의 성향에 따라 다르지만 공통적으로 느끼는 감정이나 이미지는 있다. 그중에서 20~30대 남성들이 좋아하는 댄디 스타일, 40~50대 남성과 여성층이 좋아하는 중후한

클래식 스타일, 독특하고 이국적인 휴양지 느낌의 에스닉 스타일이 있다. 이러한 스타일은 인테리어 트렌드와 상관없이 특정한 성별 또는 연령별, 지역별로 나타난다.

댄디 스타일은 영어로 멋쟁이, 맵시꾼이라는 뜻하는 'dandy'에서 유래한 것이다. 패션용어로서 자신의 옷과 액세서리에 유난히 관심을 많이 갖는 남성의 스타일에서 유래하였다. 인테리어에서 댄디 스타일은 엘레강스 스타일과 반대 콘셉트로 지적이고 세련된 남성의 공간으로 사용된다.

댄디 스타일 (www.pinterest.jp)

클래식 스타일은 '고전적·전통적·일류의' 등의 의미가 있다. 인테리어에서는 유행에 좌우되지 않고 장기간 지속되는 스타일이다. 영국이나 프랑스의 앤티크 가구와 골드의 장식들과 어우러진 실내 스타일이다.

클래식스타일 (https://layjao.com)

　에스닉 스타일은 민속적(ethnic)이며, 토속적인 것으로 기독교 문화를 바탕으로 한 서유럽과 미국 이외의 문화권에서 나타난 민족 고유의 스타일이다. 특히, 아프리카, 중동, 중남미 지역, 중앙아시아, 몽고 등의 스타일을 가르킨다. 에스닉 스타일은 민족의상이 가지는 독특한 색이나 소재, 수공예품 등이 있다.

에스닉 스타일 (https://mydecorative.com)

❷ 무드보드, 돈 낭비와 제품구매의 실패를 줄이는 비책이다.

아직도 많은 사람들이 셀프 인테리어나 홈 스타일링을 할 때 가구와 소품을 자신의 머릿속 이미지만 믿고 구매를 한다. 그리고 이들은 구매된 물건을 이리저리 옮겨보고, 곁눈질로 이리저리 돌아가면서 살펴보지만, 왠지 집안 분위기와 어울리지 않는 경험을 하게 된다.

그러나 제품구매의 실패를 줄이면서 동시에 돈 낭비를 막을 수 있는 방법은 무드보드(Mood board)를 만드는 것이다. 무드보드는 분위기를 나타내는 보드이다. 즉, 거실이나 침실 등 꾸미려고 하는 그 공간에 대한 바닥재·벽재·천장재·가구·소품·식물 등이 한 번에 종합적으로 보여질 때 느껴지는 분위기를 말한다.

왜 무드보드를 만들어야 할까? 무드보드는 다른 용어로 이미지 꼴라주(image collage, 여러 소재를 캔버스 위에 올려놓고 조합시킨 예술, 피카소와 브라크가 대표작가)라고 한다. 사람의 눈은 양옆으로 최대 210도 밖에 볼 수 없다. 즉 사람은 실내에서 4면의 공간을 동시에 다 볼 수가 없다. 4면을 회전하거나 이리저리 돌아다니면서 각각의 면들을 머릿속에서 종합적으로 상상을 해야 한다.

그러나 이러한 불편함을 한 번에 해결해주는 것이 바로 무드보드이다. 초보자가 무드보드를 잘 만드는 것은 쉽지 않지만, 핀터레스트, 구글 이미지를 통해 잘 되어 있는 것들을 보고 한번 따라해 보면 익숙해질 수 있다.

아래의 사진은 앞에서 다룬 인테리어 스타일에서 내추럴 스타일을 이미지 꼴라주 한 것이다. 내추럴 스타일은 2000년 들어 꾸준히 인기를 끌고 있어 메가트렌드이기도 하다. 최근에는 실내공간에 내추럴 스타일을 더욱 적극적으로 활용한 플랜테리어(Plant+interior)까지 등장했다. 메가트렌드인 식물을 테마로 한 홈스테이징은 좋아하는 타깃층이 넓어 더 많은 고객을 확보할 수 있다.

내추럴 스타일의 무드보드

고도의 감각과 센스가 필요한 무드보드를 만드는 것은 그 방법과 순서를 알면 쉽게 할 수 있다. 그 순서를 알아보자.

첫째, 재료를 선정한다. 해당 매물 공간의 이미지에 맞는 재료를 구글 이미지 검색을 통해 찾는다. 그리고 면적이 넓은 바닥·

벽·천장의 재료를 선정하고, 그 다음 면적이 작은 악센트 역할을 하는 가구와 소품의 재료를 선정한다.

무드보드 재료

둘째, 면적과 크기를 고려하여 배치한다. 위에서 선정된 재료

를 중심으로 전체적으로 면적이 넓은 바닥재와 벽재는 가상의 수평 기준선을 만든다. 가상의 수평 기준선은 전체 무드보드의 절반 정도가 된다. 경우에 따라 아래에서 전체높이의 1/3선이 될 수도 있다. 그리고 아래의 그림처럼, 바닥재·벽재·천장재를 배치하고 그 위에 부피가 큰 가구를 배치한다. 이때 소파와 테이블을 무게중심에 맞추어 배치를 한다. 그 다음 공간의 분위기 요소라 할 수 있는 소품들로서 관엽식물과 액자, 바구니를 배치한다. 소품들을 배치할 때도 항상 부피가 커 덩어리감이 있는 것을 제일 먼저 배치한다.

완성한 것들을 중심으로 전체적인 배치를 한 번 더 살펴본다. 이때는 가상의 수평 기준선을 중심으로 위, 아래의 무게감과 가상의 수직선을 기준으로 좌우의 무게감을 고려하여 살펴본다.

무드보드 만드는 순서

(1) 바닥재/벽재 배치

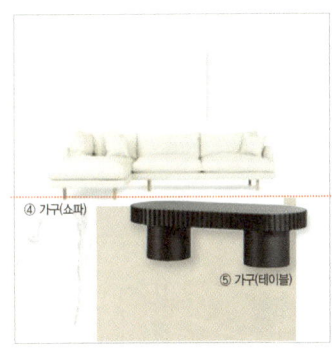

(2) 가구 배치

(3) 소품 배치　　　　　　　　　(4) 완성하기

이러한 무드보드를 연습해 볼 수 있는 무료 사이트는 많이 있다. 그 중 스타일소스북닷컴(https://stylesourcebook.com.au)에 들어가면 다양한 사례가 있어 한번 연습해보는 것을 추천한다.

스타일소스북 닷컴　　　　　　　　　　(https://stylesourcebook.com.au)

(2) 공간의 흐름을 만들어야 고객이 오래 머문다.

❶ 공간과 조닝, 좌우대칭을 늘 생각한다.

　홈스테이징에서 가구를 옮기거나 공간을 재배치할 때 조닝과 동선은 먼저 고려되어야 한다. 조닝(zoning)은 공간을 용도별로 나누어 배치한다. 예를 들어, 집안에서 공용영역의 거실과 부엌, 개인 영역의 침실과 욕실 등 성격이 같거나 유사한 것끼리 공간에 영역을 만드는 것이 조닝이다.

공간 조닝

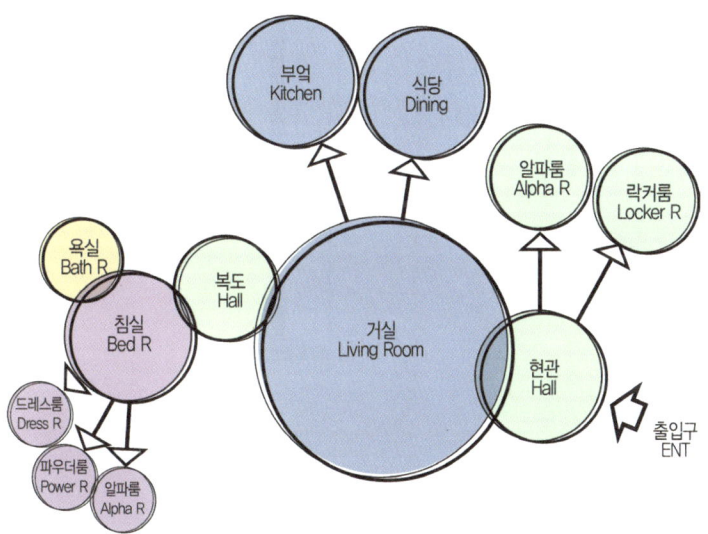

❷ 동선, 흐름을 생각한다.

　조닝을 할 때 동선(flow, 흐름)도 함께 고려해야 한다. 동선은 공간에서 사람이 움직이는 선이다. 동선을 어떻게 계획했는지에 따라 공간을 편리하게 이용할 수도 있고, 불편해질 수도 있다.

아래의 그림처럼 동선은 공간에서 가장 많이 이용하는 메인 동선(heavy traffic, 주동선), 중간정도 이용하는 서브동선(medium traffic), 가볍게 이용하는 보조동선(light traffic)이 있다.

동선 계획

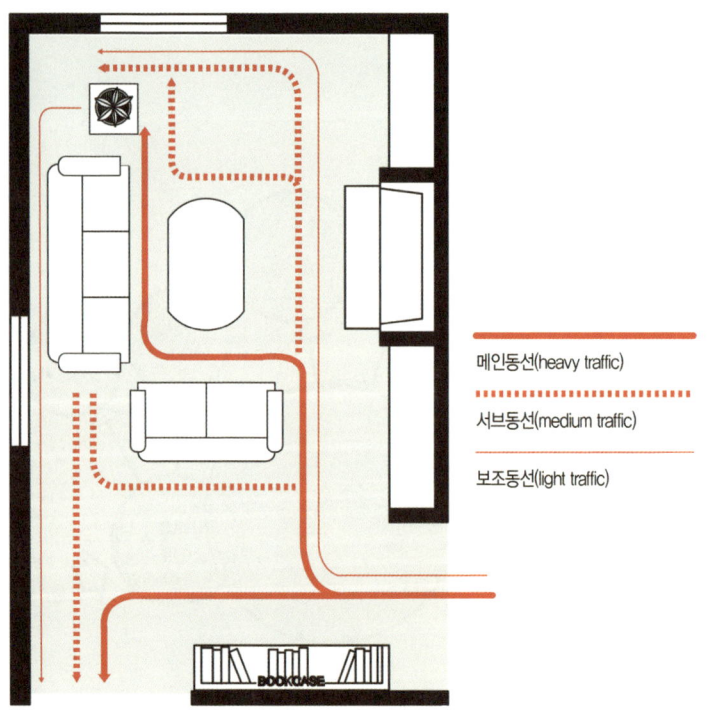

고객이 해당 매물을 보러 와서 안내를 할 때는 스테이징을 거친 집을 보여주게 된다. 이때 몇 가지 동선 패턴이 있다. 그것은 터널형, 교차형, 트리형 동선이다.

첫 번째, 터널형 동선은 현관에서 일직선으로 들어오는 경우이다. 이런 경우, 고객이 해당 매물로 들어오는데 걸리는 시간이 얼마 되지 않아 전체적으로 집을 돌아보는데도 오래 걸리지가 않는다. 즉, 고객이 이 공간에 오래 머물지 않는다는 것이다. 이런 터널형 동선은 목적 공간에 가기 위해 머릿속에 이미 공간에 대한 인식이 있는 경우로 생활하고 있는 판매자에게는 유리할 수 있으나 홈스테이징에서는 적합하지 않다. 바꿔야 한다.

두 번째, 교차형 동선은 현관에서 거실로, 한쪽 방에서 다른 방으로 교차해서 지나가는 경우이다. 이런 경우, 고객이 여기저기 공간을 둘러보지만, 동선이 서로 교차하여 두서없이 보게 되고 해당 매물을 보고 난 이후 기억에 남는 것도 별로 없게 된다. 이런 교차형 동선은 제일 피해야 할 배치이다.

세 번째, 트리형 동선은 주(主)된 동선과 부(附)된 동선을 구분하고 먼저 주된 동선으로 흐름을 준다. 그리고 부된 동선으로 고객이 이동할 수 있도록 한다. 예를 들어, 아래의 그림에서는 현관으로 들어온 고객을 거실까지 동선을 이끌게 하고, 이후 좌측의 공간을 보고 주방공간을 돌아 나오게 한다. 이렇게 먼저 고객이 움직일 동선에 대해 주된 동선과 부된 동선으로 위계를 준다. 고객은 그 공간에 대해 더 오래 기억하게 되고, 이것은 이후에 매매로 쉽게 유도될 수 있다.

공간 플래닝 노하우

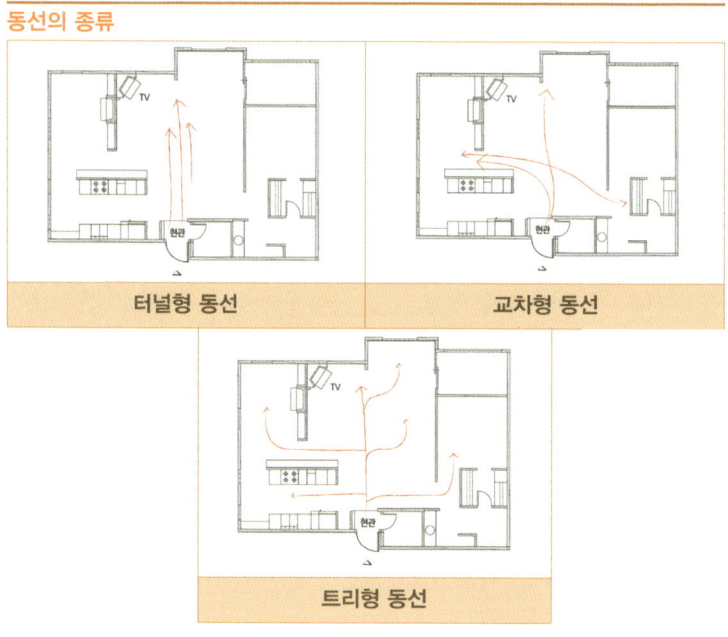

동선의 종류

터널형 동선

교차형 동선

트리형 동선

❸ 가구 배치, 비례를 생각한다.

가구 배치를 할 때 비례와 균형, 좌우대칭 구조를 늘 생각한다. 좌우대칭을 의식하여 만들어진 공간은 고객에게 안정감을 주고, 공간이 더 정돈되어 깔끔한 인상을 주게 된다.

예를 들어, 아래의 그림처럼 〈비대칭 구조〉의 가구 배치는 공간에 있어 산만함을 준다. 또한 동선도 길어 사람이 움직이는 데 많은 에너지를 쏟게 된다. 그러나 비대칭 구조의 가구 배치는 자유분방한 캐주얼한 느낌을 줄 수 있어 공간의 콘셉트에 따라 일부러 연출하는 경우도 있다. 그러나 홈스테이징에서는 대부분 아래의 그림에서 〈대칭 구조〉로 가구 배치를 한다. 대칭 구조로 가구 배치를 할 때는 가상의 수평, 수직 기준선을 만든다. 아래의 경우 3인용 소파와 맞은편의 1인 소파 2개는 서로 시각적으로 대칭적인 무게감을 주어 균형을 이룬다. 이렇게 대칭 구조로 가구 배치를 하면 고객이 짧은 순간 공간을 둘러볼 때 공간이 정리되어 넓어 보이는 인상을 갖게 된다.

가구 배치

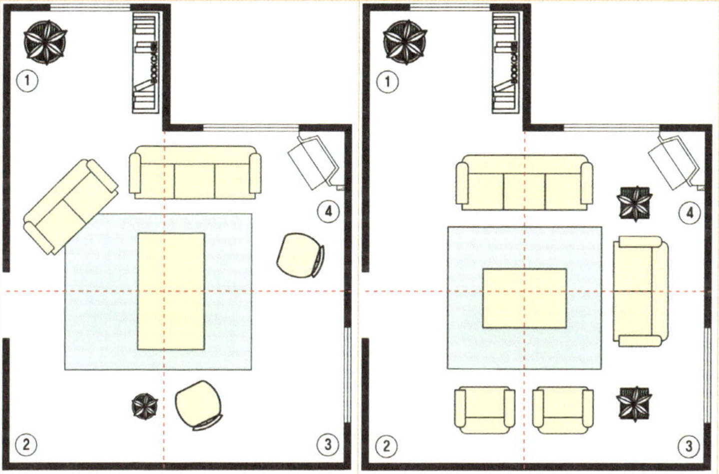

비대칭 구조	대칭구조

❹ **매각 전, 준비와 확인을 한다.**

홈스테이징은 해당 매물 공간의 장점이 잘 느껴지도록 보이는 것이 중요하다. 포컬 포인트를 의식하면서 안내한다. 각 공간을 안내할 때 중요한 것은 고객이 흥미를 가질 수 있는 장소, 고객의 꿈이 이루어질 수 있는 장소, 고객의 문제가 해결되는 장소로 보일 수 있도록 안내를 한다.

이때 무엇을 준비해야 할까? 고객이 해당 매물을 구경하러 왔을 때 몇 가지 내용을 확인해 두자.

첫째, 낮에 해당 매물을 보여주는 경우, 커튼과 블라인드는 전부 열어둔다. 최대한 채광이 잘 되는 것을 보여줘야 한다. 그리고 복도나 모퉁이는 빛이 덜 들어와 어두운 곳이 많아 조명을 켜 둔다.

둘째, 화장실의 경우 변기의 뚜껑이 덮여있는지 확인한다. 화장실의 경우 변기 뚜껑이 열려있으면 좋지 않은 냄새가 올라오는 경우도 있고, 미관상 보기에 좋지 않다. 반드시 닫아두어야 한다.

셋째, 전망이 좋다면, 발코니를 확인한다. 발코니로 나가기 편하도록 신발을 준비한다. 또한, 쓸데없는 물건들이 놓여있는 경우 전부 치우도록 한다. 특히, 화분이 너무 많은 경우 일부를 치우거나 시들어진 경우 버리도록 한다.

홈스테이징의 공간별 콘셉트

스테이징을 거친 물건을 보여주는 것은 판매 방법의 일부이다. 미국의 2021년 홈스테이징 보고서에 따르면 스테이징 효과의 중요성은 거실, 안방, 주방, 식당 순으로 나타났지만, 일본의 경우, 식당, 현관, 주방, 화장실 순으로 나타났다. 나라마다 약간의 차이는 있지만, 구입을 생각하는 고객이 집을 둘러볼 때 홈스테이징을 위한 장소로는 대표적으로 거실, 식당, 부엌, 욕실, 침실, 발코니에 대해 다룬다.

(1) 거실, 화사한 공간을 연출한다.

거실은 생활의 중심이며 단란하고 편안한 장소이어야 한다. 거실에서는 아래의 그림처럼 앉기, 눕기 등 다양한 자세를 취하기 때문에 가구를 재배치하거나 인테리어 소품으로 연출을 할 때 동선과 시선 방향 등을 함께 고려해야 한다.

거실에서의 생활 자세

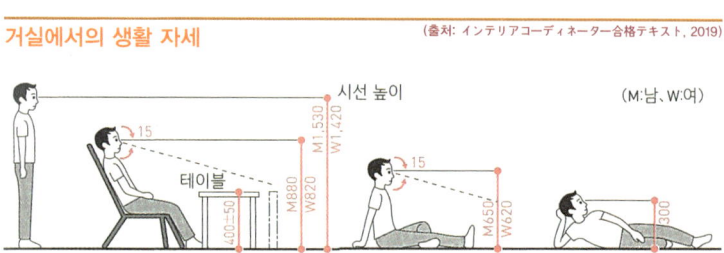

또한 거실은 대개 구매자의 가족이 공동으로 머무는 장소이므로 밝고 화사한 분위기로 만드는 것이 좋다. 앞에서 언급하였듯이 거실의 포컬 포인트는 벽면에 있다. 벽면에는 TV나 장식장 또는 포인트용 액자가 놓일 수도 있다. 아래의 표는 포인트 벽이 되는 벽면에 TV나 장식장을 드러내고 미술품으로 장식을 할 때 활용할 수 있는 벽면 배치 방법이다. 가격이 저렴한 액자도 어떻게 연출하는지에 따라 분위기가 많이 바뀔 수 있다. 한번 활용해보길 추천한다.

미술품의 벽면 배치법

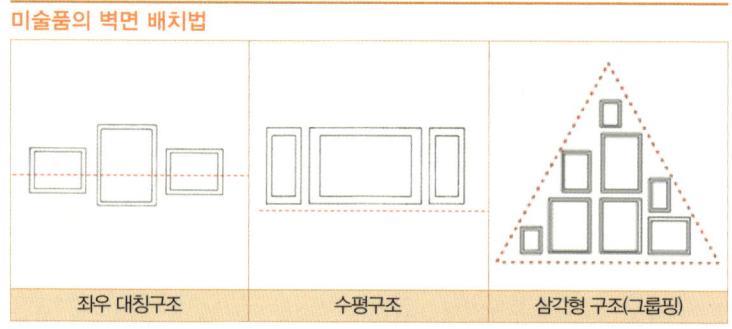

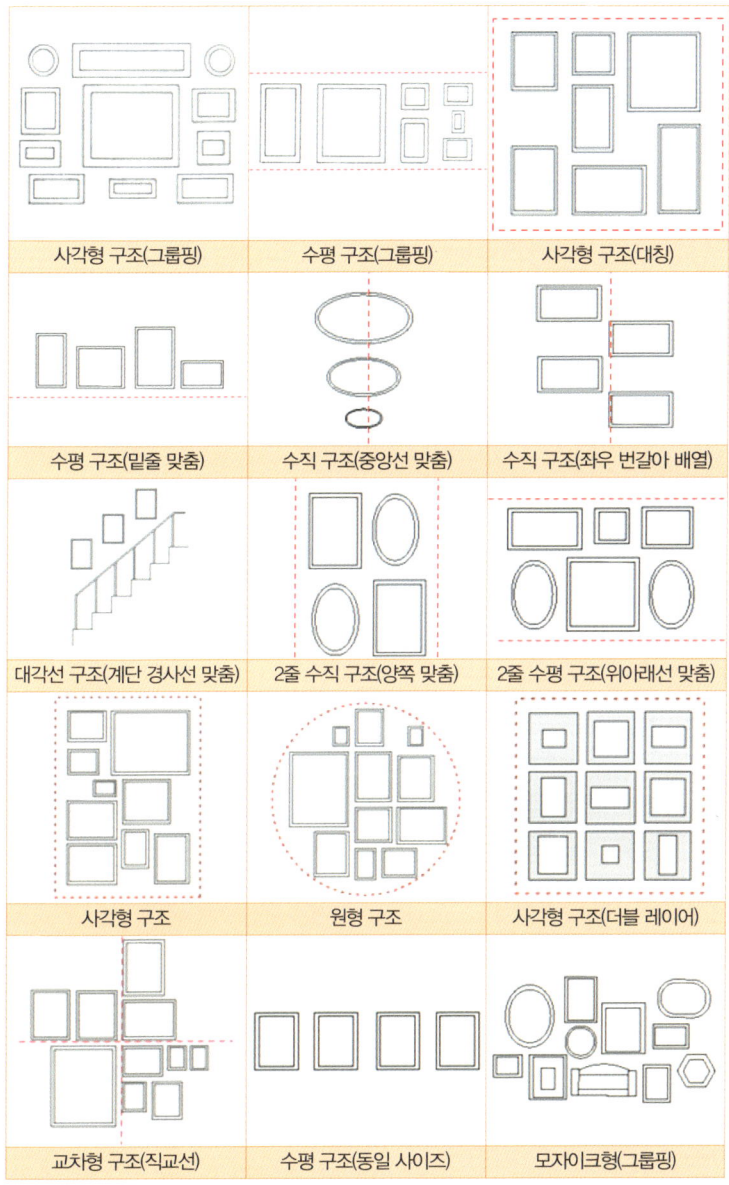

위의 방법을 활용하여 거실에 포컬 포인트 벽을 만들어 보자.

대부분의 사람들은 그림이나 사진을 너무 높이 건다. 또한 그림이 서로 어울리게 걸 줄 아는 사람이 매우 드물다. 집 안에서 그림을 벽에 거는 방법은 미술관이나 박물관에서 활용하는 방식인데 매우 효과적이고 전반적으로 깔끔하게 정돈된 느낌이 든다.

아래의 그림처럼 하나의 그림을 벽면에 거는 경우, 평균적인 눈높이를 기준으로 바닥에서 대략 1.5m 지점에 그림을 건다. 이러한 높이가 바로 그림의 중심이 위치하는 곳이고, 벽면의 포컬 포인트가 된다.

미술품 벽면 배치 시 포컬 포인트 위치

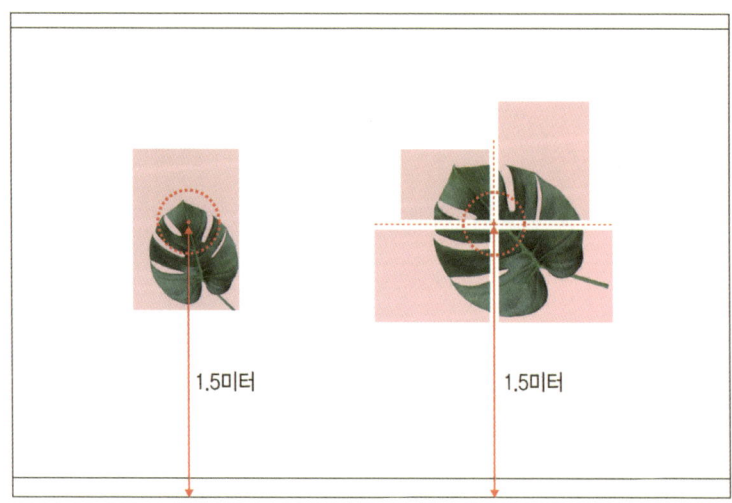

또한 여러 개의 그림 액자를 모자이크 형식으로 하는 경우, 가

상의 직교선을 그어 그 중심에 포컬 포인트가 오도록 한다. 이때 4개의 그림은 각각 별개의 그림보다 낱개가 모여 전체를 이루듯이 모자이크 패턴으로 만든다. 이러한 가로-세로선의 교차선이 만나는 직교선을 따라 네 개의 그림이 하나의 그림처럼 보이는 착시효과를 줄 수 있다. 거실의 벽면이 넓은 경우 작은 그림들을 이렇게 모자이크 형식으로 처리하면 산만함을 줄일 수 있고, 포인트 효과가 더욱 뛰어나게 된다.

TIP. 그림 걸기

실패하지 않고 그림을 거는 방법은 다음 단계를 따라해 보자.
1) 바닥에서 1.5미터 높이 벽에 연필로 표시를 한다.
2) 그림의 높이를 잰다.
3) 액자의 맨 윗부분에서 그림을 거는 고리의 위치가 어디까지인지 줄자로 잰다.
4) 그림의 크기와 동일하게 종이를 오려서 벽에 붙여보자. 이때는 그림의 위치가 적당한지 먼 곳에서 살피기 위한 것으로 간단하게 테이프로 그림의 크기와 동일한 종이를 살짝 붙인다.
5) 멀리 떨어져서 종이가 붙어있는 벽의 그림 위치를 파악하고 그 위치가 맞다면, 연필로 4개의 모서리에 살짝 액자를 걸 위치를 그려둔다.

> 6) 와이어를 이용해서 그림을 걸거나 벽에 못을 박아 그림
> 을 건다.

거실의 포컬 포인트 벽면이 정리되면, 그 다음으로 거실의 소파 앞에 놓인 소파 테이블도 그냥 비워두지 말자. 아래의 사진은 펜트하우스로 나온 매물이다. 그러나 개성이 전혀 없어 어떤 고객이 오더라도 이 매물을 보고 매력적이라고 느끼지 않을 것이다. 대부분 현재 나오는 매물들이 이런 상태로 집을 보여주고 있다.

거실의 가구 배치와 연출 (before) (출처: CHSSP)

그러나 아래의 사진처럼 소파 주변은 센터 테이블과 사이드 테이블 위를 정리하고 잡지나 책 2~3권과 멋진 꽃병을 이용하여 1개 또는 소품을 놓아둔다. 홀수로 하는 것이 시각적으로 안정감이 있다. 그리고 부동산 중개인의 부동산 매물 정보지에는 각 방의 한 각도만 표시할 수 있어서 어느 각도에서 찍어야 잘 나올 수 있을지 고민을 하고 연출을 한다. 위의 사진은 매력적인 모습을 전혀 보여

주지 않고 있다. 그러나 아래의 사진은 이 공간에서 무엇을 할지 상상이 가고 화목한 가정의 분위기를 느낄 수 있게끔 연출되었다.

사진도 각도를 소파의 뒷모습을 보여주는 것이 아닌 소파와 소파 앞의 테이블을 같이 하나의 앵글에 나오도록 사진을 촬영한다.

거실의 가구 배치와 연출 (after)　　　　　　　　　　　(출처: CHSSP)

내놓는 매물이 공실인 경우에는 가구나 소품이 전부 다 빠져 텅 비어 있는 상태가 많다. 임장 활동을 가면, 대부분 텅 비어 있어 하얀 벽이나 허전한 인상을 주는 경우 많다. 이런 경우, 벽에 미술품을 활용하여 벽면의 배치 방법을 다양하게 포인트를 준다. 앞에서 언급한 것처럼 비어 있는 공간은 분위기를 더하는 것이다. 벽면에 분위기를 만들 때, 아래의 사진처럼 쉬운 방법으로 벽의 코너에 플로어 스탠드나 식물을 활용한다. 플로어 스탠드를 두면 공간에 포컬 포인트가 되면서 벽의 코너가 밝아져 분위기가 훨씬 살아난다. 또한 식물을 활용하는 경우, 식물에서 주는 편안함과 싱그러운 그린색이 거실 공간에 포인트 역할을 하게 된다.

거실의 코너 연출

(출처: CHSSP)

또한 공간에서 초점은 필수적이다. 초점을 정하면 거기에 어울릴만한 대형그림이나 거울, 콘솔테이블 등 가구와 소품을 사용하여 만든다. 가구 중 소파는 부피가 커서 공간을 많이 차지하므로 반드시 사전에 가구 배치와 동선계획을 해야 한다. 소파는 성인 남성이 혼자 옮기기에도 굉장히 무겁다. 그래서 소파 같은 경우는 사전에 충분히 가구 배치와 동선을 고려해서 계획을 한다. 또한 소파 테이블이 공간에 맞지 않아 고객이 걸어다니는 데 불편함을 주는 경우도 있다. 가구 배치를 할 때 같이 고려해야 한다. 게다가 문이나 창문, 출입구를 가구로 막으면 안 된다.

이렇게 소파와 테이블 등 거실에 포인트를 줄 수 있는 가구의 배치가 끝나면, 방에 맞지 않는 가구는 물품보관소에 맡긴다. 만약 소파가 더러운 경우는 전문적인 청소업체에 의뢰하거나 새로운 커버로 덮어 그 위에 쿠션으로 연출을 한다.

거실의 스테이징 포인트는 다음과 같다.

첫째, 실내공간에서 벽, 바닥, 천장이 전체 색의 베이스가 되지만, 거실·식당·부엌 혼합형(LDK)에서는 다 오픈된 공간이어서 다음으로 큰 면적을 차지하는 주방 문의 재질과 도어(출입구, 통풍구, 창문 등)가 베이스가 된다. 또한 소품을 선택할 때는 이 2가지 이하의 색을 잊지 말고 선택해야 한다.

둘째, 가능하면 천장 직부등이 아닌 여러 조명을 사용한다. 플로어 스탠드, 테이블 램프, 펜던트를 사용하는 것도 좋은 방법이다.

셋째, 식물은 가구와 도어의 컬러 톤에 맞춘다. 잎의 색이 진한 것, 모양이 날렵한 것, 내추럴하고 부드러운 잎 등 인테리어에 따라 바꿀 수 있다.

넷째, 거실에 책장이 있는 경우, 잡지를 활용한다. 이때 잡지는 표지가 깨끗하고 내용보다 겉보기 상태가 좋은 것을 골라 연출한다. 이때 대중적인 잡지는 피하는 것이 좋다.

(2) 식당, 즐거운 식사 장면으로 연출한다.

식당(dinning room, 다이닝룸)은 테이블 위를 그냥 두는 것보다 엘리먼트를 장식하면 분위기가 고조된다. 예를 들어, 고가의 아파트에서는 디너 파티를 하는 듯 연출을 하는 것이 좋다. 이것은 구매 예정자가 구매 이후의 삶을 상상할 수 있도록 하는 것으로 이 매물을 통해 좀 더 나은 삶을 제공하기 위한 것이다. 또한 가족 단위로 타깃을 정한 경우라면 아침 식사나 점심 식사 분위기를 연출하는 경우가 많다.

다음의 사진은 부동산 매물로 내놓은 곳이지만 전혀 구매 이후의 삶을 상상할 수가 없다. 고객이 이곳을 둘러보는 동안 무엇을 상상할지 무미건조함만 있다.

식당의 연출 (before)　　　　　　　　　　　　　　　　　(출처: CHSSP)

그러나 아래의 사진처럼 펜트하우스의 구매 예정자에 대한 타깃을 설정하고 화려한 디너 파티를 연상하게 하는 인테리어 소품으로 연출을 한 것이다. 당신이라면 어디에 더 매력적으로 눈길이 끌리겠는가? 당연히 아래의 사진처럼 덩그러니 비워 둔 식탁 테이블보다 타깃을 선정하여 그에 맞는 식사 장면을 연출한 것이 훨씬 상상하기 쉽다.

식당의 연출 (after, 라인 기법)　　　　　　　　　　　　　　　(출처: CHSSP)

또한 식당은 최대한 넓게 보이는 것이 효과적이다. 식탁 테이블 자체가 보기에 좋다면 식탁보를 빼고 테이블을 보여주는 것도 좋다. 의자는 방의 크기를 확인하여 4개 또는 6개로 충분하다. 그 이상의 의자는 치우고 방을 넓게 보이게 해야 한다. 아래의 그림처럼 4인 식탁으로 했을 경우, 주변의 여유 치수를 고려하여 식탁을 배치한다. 또한 거실과 마찬가지로 자질구레한 물건들은 최대한 제거하여 가급적 넓어 보이게 해야 한다. 심플한 소품으로 식탁 주변을 연출한다면 2~3개 정도만 장식한다.

식탁 주변에 필요한 공간 치수　　　　　(출처:インテリアコーディネーター合格テキスト, 2019)

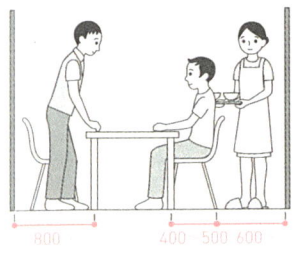 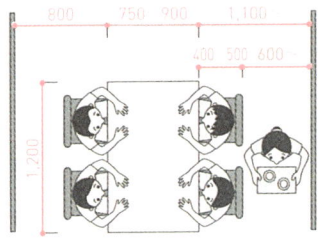

식당의 스테이징 포인트는 다음과 같다.

첫째, 다이닝 테이블의 세팅은 아침인지 저녁인지 정해서 장면을 연출한다. 부엌도 식탁 테이블과 마찬가지로 같이 연출한다. 둘째, 테이블 코디를 해놓는 것이 보기 좋긴 하지만, 과하게 할 필요는 없다. 인테리어 디자인이 아니라 어디까지나 스테이징이다. 셋째. 넓은 식당의 경우, 공간이 넓은 것을 강조하여 큰 테이블을 둔다. 그리고 식탁 위에는 펜던트 조명이 항상 불이 켜지도록 한다. 넷째, 입구에 서서 식당이 넓어 보이는지 확인한다.

(3) 부엌, 요리하는 분위기로 연출한다.

부엌은 청결 상태가 매우 중요하다. 가능한 한 표면이 깨끗해야 한다. 그리고 매물을 내놓는 경우, 생활감을 없애기 위해 매일 사용하지 않는 물건은 치워야 한다. 냉장고 위의 자석이나 벽걸이용 식기 행거도 치워야 한다. 그리고 가능한 한 많은 작업 공간을 만들고, 토스터기와 주전자 등 같은 요소의 주방기기만 남겨두고 치운다.

아래의 그림은 주방의 배치이다. 동선과 주방의 배치를 고려해서 공간의 레이아웃을 계획하면 된다. 특히 카운터식 주방은 바체어를 같이 두는 경우도 많아 별도의 테이블 스타일링이 필요하기도 한다.

주방의 배치 (출처: インテリアコーディネーター合格テキスト, 2019)

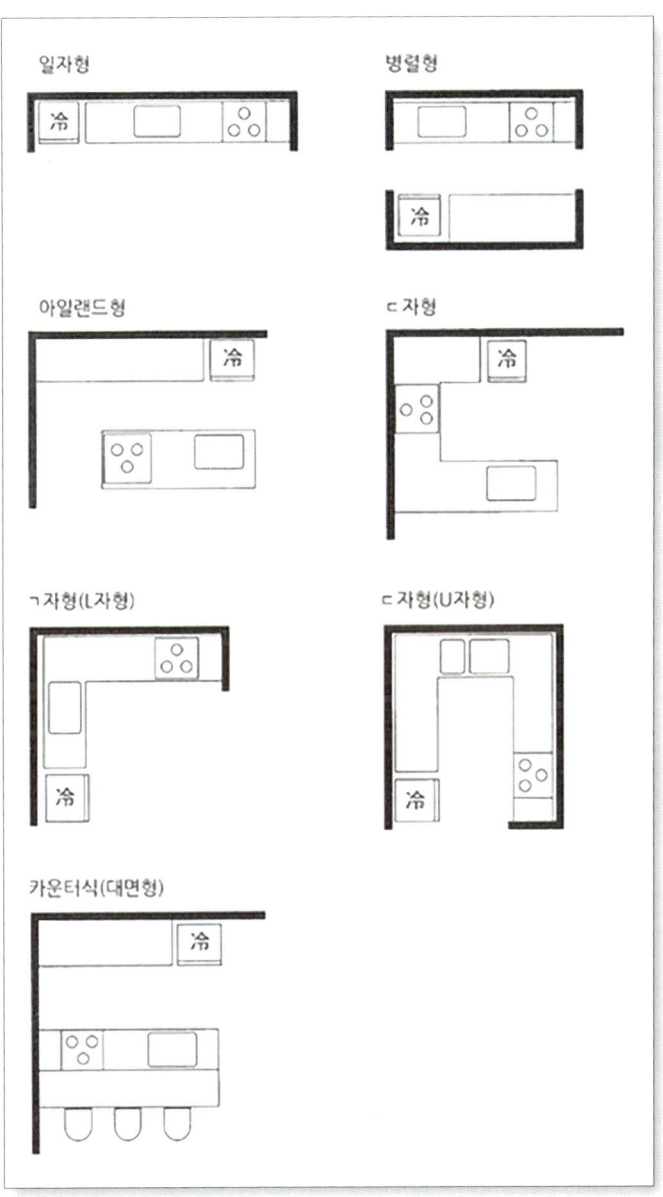

부엌의 공간을 확보하기 위해서는 늘 사용하는 최소한의 물건만 남기고 그 외 물건은 다 치우고, 조리공간을 깨끗하게 만든다.

부엌 (Before)　　　　　　　　　　　　　　　　　　　　(출처: CHSSP)

대부분의 가정에서는 작은 가전제품이나 물건을 밖에 꺼내어 놓는 경우가 굉장히 많다. 이런 경우 정리수납을 이용하여 최대한 보이지 않게 수납해 둔다. 또한 창가에 있는 소품들은 치우고, 작은 식물이나 필요한 소품 1~3개 정도만 남겨둔다.

부엌 (After)　　　　　　　　　　　　　　　　　　　　(출처: CHSSP)

부엌의 스테이징 포인트는 다음과 같다.

첫째, 무조건 깨끗해야 한다. 둘째, 오래된 부엌은 심플하고 새로운 주방 도구로 바꾸고 마이너스 요소를 최대한 커버한 셋째, 소품을 세팅할 때는 식재료나 요리에 필요한 소도구를 연출하면, 현실적이고 호감도가 상승한다. 넷째, 파스타나 나무로 된 샐러드 볼, 요리책과 책꽂이 등으로 연출한다. 구매 타깃이 가족 단위일 때는 아침 식사 시 샐러드를 만들려는 분위기, 타깃이 독신자인 경우 칵테일 파티를 시작하려고 하는 이미지를 연출하는 경우가 흔하다.

(3) 욕실, 개인용품을 놓지 않는다

매물을 보러 가면 거실과 부엌 다음으로 많이 보는 것이 욕실이다. 사실 오래된 욕실은 철거하는 것이 비용도 많이 들어 판매자의 입장에서 욕실 부분 리모델링 공사를 해야 할지 말아야 할지 난감한 경우가 많다. 이런 경우 간단한 방법으로도 해결할 수 있다. 아래의 사진처럼 오래된 욕조는 아직 사용할 수 있으나 올드한 느낌이 든다.

욕조 (before)   (출처: CHSSP)

이때 아래의 사진처럼 욕조의 코너나 빈 벽을 활용하여 욕실 콘셉트에 맞는 힐링 느낌이 나는 싱그러운 조화식물과 장식용 수건을 두어 마치 호텔에 온 듯한 느낌을 주도록 연출을 한다. 어떤가? 집에 이런 분위기를 준다는 건 다소 불편할 수도 있으나 좀 더 가격을 올려서 팔거나 빨리 매물을 나가게 하는데 좋은 방법이 될 수 있다.

욕조 (After)   (출처: CHSSP)

욕실의 경우, 아래의 사진처럼 세면대 주변이나 선반 위에 언제든지 손을 뻗어 쉽게 잡을 수 있는 치약·칫솔·비누·샴푸 등 많은 물건들을 올려두는 경우가 있다. 심지어 변기 뒤 배수통에도 올려두는 경우가 있다. 그러나 매물로 내놓겠다고 생각을 한 순간부터 세면대 주변은 말끔히 정리해야 한다.

지저분한 상태의 세면대 주변 (출처: CHSSP)

 이렇게 말끔하게 청소와 정리가 된 세면대 주변에는 아래의 사진처럼 공간의 분위기에 어울리는 비누와 장식용 조화로 연출을 한다. 특히, 욕실 문을 열면 보이는 벽은 메인 포인트 벽이므로, 세면대를 기준선으로 하여 눈을 위·아래로 훑어보고, 그 주변을 모두 정리해야 한다.

세면대 (After) (출처: CHSSP)

(4) 침실, 호텔 같은 분위기로 연출한다

침실은 취침이 이루어지면서도 사적이고, 독립성이 강한 공간이다. 그래서 프라이버시가 확보되어야 할 곳이다. 침실을 스테이징할 때 소음이 많은 곳과 동선이 교차하는 장소가 있다면 피하는 것이 좋고 공간의 재배치를 해야 하는 경우도 있다.

주택에서 침실은 수, 크기, 상태에 따라 가격에 큰 영향을 줄 수 있어 침실도 스테이징을 해야 한다. 고객은 개방적이고 환기가 잘 되는 곳, 차분한 분위기의 침실에 감동을 느끼기 때문에 답답할 정도로 많은 양의 가구나 넘칠듯한 짐들이 가득한 방은 싫어한다. 거주자가 있는 매물의 경우, 매물을 내놓기로 한 순간부터 개인적인 침실이라도 물건은 과감히 치워야 한다. 그러나 아래의 사진처럼 널브러진 침대 위의 옷들은 물건의 가치를 떨어뜨리고 매력적이지 않다.

침실 (before) (출처: CHSSP)

이런 경우 제일 먼저, 정리정돈과 청소를 하고 말끔하게 정리된 빈 공간의 침실에서부터 시작한다. 위의 사진처럼 침대가

공간에 비해 너무 커 침실이 작게 보인다면 과감히 침대를 바꿀 필요가 있다. 이때 침대는 가구 렌탈을 통해 팔리는 기간 동안 임대를 할 수도 있다. 침대 뒷벽을 포컬 포인트로 하여, 침대를 중앙에 두고 침대 양옆으로 협탁과 테이블 스탠드를 두어 무드를 잡아준다. 그리고 침대 헤드 위쪽이 포컬 포인트이므로 공간의 전체적인 비례에 맞지 않는 거울을 제거하고 안정감을 줄 수 있는 액자로 연출을 한다.

침실 (After)   (출처: CHSSP)

침실의 스테이징 포인트는 다음과 같다.

첫째, 침대 커버는 베개, 이불, 시트 3개가 세트로 되어 있으면 훨씬 더 보기 좋아진다. 커튼의 색과 잘 어울리게 매치한다면 더 좋다. 침실에서는 벽, 바닥, 천장, 다음으로 가장 큰 면적을 차지하는 것이 침대 커버이다. 침대 커버의 색상에 주의를 기울여야 한다.

둘째, 조명은 최대한 노란색 전등을 사용한다. 흰색의 주백색 등은 작업 공간에 어울리는 것으로 침실처럼 편안하게 쉬어야 할 공간에는 적합하지 않다. 침실은 안락함을 느낄 수 있도록 보여주는 것이 제일 중요하다.

셋째, 침실은 안락함을 주는 것이 제일 중요하기 때문에 가구는 기본적으로 침대와 협탁(나이트 테이블)만 있으면 충분하다. 과할 필요가 없다.

(5) 발코니/테라스, 잊지 말고 연출한다

내놓은 매물이 눈 앞에 펼쳐지는 조망이 좋다면, 최대한 장점으로 이끌어 내야 한다. 이때 활용하면 좋은 것이 바로 발코니이다. 매물에 따라 눈앞에 발코니를 통해 외부로 나갈 수 있게 되는 경우 고객은 밖을 나가 구경을 하게 된다. 이때 눈앞에 공원의 녹음이 우거져있거나 조망이 좋은 경우에는 발코니도 포컬 포인트가 될 수 있다. 거주자가 있는 매물의 경우 고객이 집을 구경할 때 발코니로 나가는 경우도 고려하여 발코니를 정리하고 청소를 해야 한다. 아래의 사진은 조망이 좋아 날씨가 좋은 날에는 발코니로 나가 주변의 경관을 볼 수 있다. 그러나 이곳에 고객이 왔을 때 전혀 그런 상상을 할 수가 없다. 전망이 좋은 뷰를 가지고 있지만 좀 더 감동을 주려면 테라스에서의 티타임을 가질 수 있는 상상을 할 수 있게 해라. 아무것도 손을 대지 않은 발코니는 그냥 회사 옥상 같은 무미건조한 느낌만 준다.

발코니 (Before)　　　　　　　　　　　　　　　　　　　　(출처: CHSSP)

TIP. 테라스와 발코니의 차이

- **테라스**(Terrace)는 라틴어 Terra(테라) 땅의 의미. 땅에 붙어 있는 1층의 확장된 바닥면을 말하다.
- **베란다**(Veranda)는 아랫집의 지붕 바닥면을 말한다. 주택에서 위층의 주거공간이 아래층보다 면적이 작을 경우에 생기는 공간이다.
- **발코니**(Balcony)는 2층 이상의 주택에서 바닥면적이 수평으로 외부로 확장된 바닥면을 말한다.

그러나 아래의 사진과 같이, 조망하기 좋은 날씨에는 발코니로 나가 주변의 경관을 보면서 간단히 티 한 잔 할 수 있는 여유도 가질 수 있고, 이야기도 나눌 수 있어 보는 순간 무엇을 할지 상상이 가게 될 것이다.

발코니 (After) (출처: CHSSP)

조망이 별로 좋지 않거나 발코니로 나갈 가능성이 적은 경우에는 물건이 놓여있어도 문제는 없지만, 말끔히 청소를 하고 혹시라도 신문지나 쓰레기가 쌓여있다면 제거하고 정리를 해야 한다. 단독주택의 경우, 거주자가 있는 경우의 매물은 마당이 있는 경우가 많다. 이런 경우 마당의 인상도 중요한 포컬 포인트가 된다. 잡초가 있는 경우 이를 제거하고 무너진 화단 담장은 정리를 하는 것도 좋다.

에필로그

AI 시대, 새로운 패권전쟁과 홈스테이징 공간산업의 진화

"AI 시대, 부동산은 어디로 가는가?"

지금 세계는 AI 패권을 둘러싼 또 하나의 전쟁을 치르고 있다. 이것은 단순한 기술 경쟁이 아니다. 데이터, 감정, 공간 그리고 삶의 방식까지 재편되는 총체적 전환 속에 우리는 서 있다. AI가 전 세계를 지배하고 있는 지금 여러 알고리즘과 API(Application Programming Interface)-알고리즘에 의해 만들어진 프로그램들 간의 상호작용을 위해 연결고리 역할을 하는 것-가 점점 중요해지고 있다.

부동산도 예외일 수 없다. 전통적인 설계, 중개, 마케팅으로 구성되던 이 산업은 지금 새로운 문명과 충돌하고 있다. 더 빠르게, 더 정밀하게, 더 감각적으로 소비자의 마음을 읽는 기술이 필요해진 것이다. 이러한 흐름 속에서 가장 빠르게 변화하는 산업이 바로 '공간 디자인'과 '홈스테이징'이며, 이것이 내가 말하는 '홈스테이징 공간산업의 진화'이다. 이제 홈스테이징은 단순히 '꾸미는 기술'에서 고도의 '감정 데이터를 연출하는 AI 알고리즘'으로 진화하고 있다.

홈스테이징 공간산업이 속한 부동산은 이제 하나의 '장면'으로 소비되고, '연출된 감정'으로 기억된다. 향기, 조명, 색감, 동선 하나하나가 소비자의 머무름을 유도하고, 그 기억이 공간의 가치를 결정한다. 결국 서두에서 언급한 '팔리는 집'이란, 누군가의 감정을 정확히 설계해낸 장면 그 자체가 된다.

부동산은 이제 더욱 콘텐츠화되어 '경험을 파는 산업'으로 진화하고 있다. 나는 이것을 '신(新) 감정자본주의(Neo-Emotional Capitalism)'의 시작이라 부른다. 기존의 감각 자본주의(Sensory Capitalism)가 오감을 자극하여 소비를 유도했다면, 이제는 AI가 감정을 해석하고 시뮬레이션하며, 초개인화된 감정경험을 설계하는 시대로 접어든 것이다. AI 기술이 공간의 기능을 넘어서 감정의 흐름까지 제어할 수 있게 되면서, 홈스테이징은 단순한 연출이 아니라 데이터와 감각을 결합한 '감정기획산업'으로 진화 것이다.

나는 이제 홈스테이징을 다음의 세 가지로 재정의하고자 한다.

첫째, 홈스테이징은 데이터에 반응하는 감정 설계다. 이는 고객의 연령, 라이프 스타일, 감정 반응 데이터를 기반으로 공간을 연출하는 기술이다.

둘째, 홈스테이징은 이미지가 아닌 시나리오 기반 연출이다. 즉, 시각 자료만이 아니라, 머무는 이야기, 동선, 소리, 냄새 등 감각 서사를 통합한 연출 전략이다.

셋째, 홈스테이징은 자동화 가능한 제안서 시스템이다. 기존의 스타일링 제안서를 AI 기반 자동화 툴로 재구성해 누구나 쉽게 접근 가능한 산업으로 전환한다.

"AI로 공간연출 이력서를 만드는 프리랜서 홈스테이저 시대"

AI의 등장으로 사라지는 직업과 새롭게 등장하는 직업이 생겨나고 있다. 이 두 가지를 나누는 가장 기본은 그 중심에 '감정을 읽을 수 있는 사람'과 '감정의 구조를 설계할 수 있는 사람'이 서게 될 것이다.

이제 우리가 부동산을 바라보는 언어도 바뀌어야 한다. '몇 평인가'가 아니라 '어떻게 느껴지는가', 그리고 여긴 시세가 '얼마인가'가 아니라 이곳에서 '얼마나 머물고 싶은가'로 언어를 바꾸어야 한다. 이 책을 덮는 순간, 당신은 이전과는 다른 질문을 던지게 될 것이다. "이 집, 보기엔 괜찮은데… 느낌은 어때?" 그리고 그 '느낌'을 설계할 수 있다면, 당신은 이미 AI 시대의 홈스테이징 전문가가 될 준비를 마친 것이다.

끝으로 우리는 지금 '감정 중심 시대'의 문 앞에 서 있다. 부동산이 데이터를 품고, 감정을 이해하며, 공간을 재구성하는 시대에 접어든 것이다. 그리고 그 문을 여는 열쇠는 바로 '감정 가치'를 기술로 설계할 수 있는 사람의 손에 쥐어져 있다.

여러분이 앞으로 명심해야 할 것은 AI 시대, '팔리는 집은 감정이 먼저 도착한 공간이다'라는 것이다. 이제는 가격보다 흐름, 위치보다 연출, 구조보다 감정이 중요하다. 부동산은 단지 물리적 재화가 아닌, 감정자산으로 진화하고 있다. 우리는 이제, 그 감정을 설계하고, 연출하며, 제안하는 전문가가 되어야 한다. 나는 지금 AI가 감정을 설계하는 시대의 공간 연출가로서, "당신의 공간은, 어떤 감정을 설계하고 있는가?" 이 질문을 당신에게 남기며 다음을 준비한다.

장미정

| — 부록 — |

홈스테이저(home stager, 부동산매매연출가)를 활용할 수 있는 일

2014년 고용노동부는 신직업 육성차원에서 새로운 아이디어를 더해 창업이 가능한 직업으로 홈스테이저를 제시하였다. 한국에서 홈스테이저는 아직 인식 확산시기에 있지만 일본에서는 홈스테이저가 도입되고 이후 5년 정도의 인식 계도기를 거쳐 이제는 홈스테이징을 도입하는 기업들이 늘어나고 있다. 이에 더해 부동산 중개업과 임대업에서 발 빠르게 도입하고 있다.

홈스테이저는 미국을 거쳐 유럽, 호주 등 여러 나라로 확장되어 현재 아시아에서 일본을 거쳐 한국에까지 도입되었다. 더 이상 거부 할 수 없는 직업이 되었다. 확산되어 대중적인 직업이 되는 것은 시간의 문제일 뿐이다. 그렇다면, 앞으로 떠오를 홈스테이저는 어떻게 활용해야 할까? 크게 거시적 관점과 미시적 관점으로 활용할 수 있다.

1) 산업간 융합의 거시적 관점에서 봐라

2020년부터 코로나19 시대를 살아가면서 이제는 비대면이 익숙해지고, 비대면의 가상공간에 대한 생활이 더 근접해 왔다. 그 중 메타버스(확장형 가상현실)는 기존의 가상현실(VR)에서 체험과 몰입감을 더 부각시킨 기술이 되었다. 아직 매출도 발생하지 않은 메타버스 관련 주식이 연일 상한가에 있다. 왜 이들은 메타버스에 열광을 할까? 가상현실에 대해 거부할 수 없는 미래가 다가오고 있기 때문이다.

이때 홈스테이저는 메타버스 내에서 가상부동산 매매연출가로서의 역할을 기대할 수 있다. 아래의 사진은 메타버스 내에 설치된 도요타의 가상주택 전시장이다.

도요타의 가상주택 전시장 (출처:https://internet.watch.impress.co.jp)
토요타 가상 주택 전시장 | 신상품 'LQ' 시리즈 3동 모델 하우스
모델 하우스의 실내 모습

주택메이커 도요타 홈 주식회사는 도쿄를 재현한 메타버스 'Meet-me'에 가상주택 전시장을 오픈하였다. 이는 도요타 자동차가 'Meet-me'에서 운영하고 있는 도요타 메타폴리스의 일부이다. 도요

타는 메타버스를 통해 실제로 건축하기에 제약이 있는 실제 전시장을 보완하고, 기존 영업채널과 다른 잠재적 고객층 발굴을 노린 것이다. 오프라인으로 찾아오던 고객을 이제는 가상주택 전시공간에서 고객을 맞이하고, 고객의 아바타는 가상공간으로 들어가 주택의 공간배치나 설비를 볼 수 있다.

여기서 홈스테이저는 가상부동산 매매연출가로서 문과 바닥 색상, 주방시설 코디를 변경하고 분위기를 만드는 일을 한다. 홈스테이저가 연출한 가상공간에서 고객 자신의 신장에 맞게 설정된 아바타는 실제 고객의 관점에서 집안을 돌아다니거나 소파에 앉는 등 공간을 체험할 수 있다.

메타버스 안에서의 홈스테이저 역할은 기업의 비용 절감에 가장 큰 장점이 된다. 실제 주택전시장에서 실행되는 건축비용은 1동 당 7,000만원에서 1억 정도 든 것에 비해 가상에서는 1동 1,500만원 정도다. 기업 입장에서는 더욱 IT를 접목한 메타버스로의 확장이 기대된다. 여기에 분위기를 만드는 홈스테이저의 역할을 기대할 수 있다.

2) 산업내 융합의 미시적 관점에서 봐라

코로나19로 재택근무가 활성화되면서 집은 휴식을 위한 역할에서 사무실, 학교의 역할로 확장되고 있다. 이에 부동산 매매 및 임대차 시 재택업무나 수업에 맞는 가구 선택에서부터 공간 연출까지 토탈 디자인이 요구된다. 여기서 홈스테이저는 지역의 가구유통업 및 실내건축업과 연계하여 부동산을 상품으로 연출하는 부동산 유통전문가로서 역할을 할 수 있다.

또한 현재 국내 부동산서비스산업은 임대+관리 등 새로운 수요가 증가하고 있지만 창업 등을 위한 지원이 부족하고 해외 시장 진출 등 신시장 개척이 미흡한 편이다. 이에 홈스테이저는 아래의 그림처럼 세부적으로 산업 내에서 2가지 유형으로 활용될 수 있다.

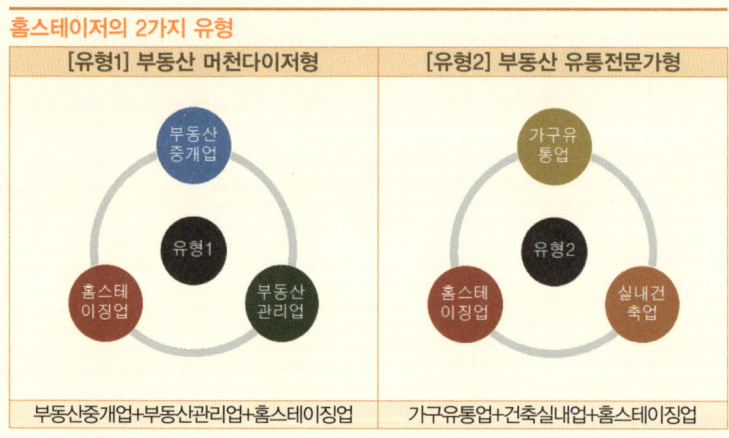

첫째, '홈스테이징업+부동산중개업+부동산관리업'의 융합형태이다. 이는 부동산 매매 및 임대차시 전월세 수요자를 위한 중개 이전의 홈스테이징이다. 이때 홈스테이저는 부동산을 상품으로서 잘 팔릴 수 있도록 부동산 머천다이저로서의 역할을 한다.

둘째, '홈스테이징업+가구유통업+건축·실내업'의 융합형태이다. 중개 이전의 리모델링을 위한 실내건축업, 가구유통업과 연계하여 중개 이후의 지역부동산매물 유통관리자로서의 역할을 할 수 있다.